AI와 인재 채용

AI문고

인공지능 시대입니다. 기계가 인간의 인지를 대신하고, 사물이 인간을 통하지 않고 다른 사물과 직접 커뮤니케이션합니다. 이에 따른 인간 삶과 문명 변화를 정확히 이해·예측·대응하는 것은 이 시대 우리 모두의 과제입니다. AI문고는 인공지능 기술과 환경의 여러 주제를 10가지 키워드로 정리합니다. 관련 개념과 이론, 학계와 산업계의 쟁점, 우리 일상의 변화를 다룹니다. 인간과 기술의 현재, 미래를 세심히 분석합니다.

일러두기

- 인명, 작품명, 저서명, 개념어 등은 한글과 함께 괄호 안에 해당 국가의 원어를 병기했습니다.
- 외래어 표기는 현행 어문규정의 외래어표기법을 따랐습니다.

처음이세요?

전문가세요?

AI와 인재 채용

윤명훈

대한민국, 서울, 커뮤니케이션북스, 2025

AI와 인재 채용

지은이 윤명훈
펴낸이 박영률

초판 1쇄 펴낸날 2025년 6월 10일

커뮤니케이션북스(주)
출판 등록 2007년 8월 17일 제313-2007-000166호
02880 서울시 성북구 성북로 5-11
전화(02) 7474 001, 팩스(02) 736 5047
commbooks@commbooks.com
www.commbooks.com

ISBN 979-11-430-0441-3 03500

책값은 뒤표지에 표시되어 있습니다.

차례

AI 채용의 서막

인재 전쟁과 디지털 전환

21세기에 들어서면서, 기업 경영의 핵심 화두는 '자본'이나 '기술'에서 '인재'로 이동했다. 특히 2020년 팬데믹을 기점으로 디지털 전환(Digital Transformation)이 가속화되면서, 인재를 둘러싼 경쟁은 어느 때보다 치열해졌다. 산업 간 경계가 허물어지고, 기술 진보가 시장 판도를 좌우하는 시대에 뛰어난 인재를 확보하고 유지하는 일은 더 이상 선택이 아닌, 기업의 생존과 성장 전략 그 자체가 되었다.

매킨지(McKinsey)의 『The State of Organizations 2023』 보고서는 이를 명확히 보여 준다. 전 세계 70% 이상의 기업 리더들이 인재 확보와 유지를 최대 경영 과제로 꼽았다. 특히 기술 인재, 데이터 사이언티스트, AI 엔지니어 같은 디지털 역량을 갖춘 인재에 대한 수요는 기하급수적으로 증가하고 있다. 이는 특정 산업에 국한되지 않고, 모든 분야에서 공통적으로 나타나는 변화다. 이 흐름은 단순한 일시적 수급 불균형이 아니다.

디지털 경제로의 구조적 전환이 인재 시장 자체를 재편하고 있다.

원격 근무와 하이브리드 워크 모델, 글로벌 리크루팅 플랫폼의 확산은 기업이 지리적 제약 없이 인재를 채용할 수 있는 환경을 만들었다. 하지만 동시에, 경쟁 역시 전 세계로 확장되었다. 우수한 인재 한 명을 두고, 세계 유수 기업들이 동시에 경쟁하는 시대가 열린 것이다.

노동시장 내부에서도 큰 변화가 일어나고 있다. 밀레니얼 세대와 Z세대는 과거 세대와 다른 가치관을 지녔다. 그들은 일과 삶의 균형, 기업의 사회적 책임, 개인의 성장 기회를 중시하며, 단순한 보상이나 직위만으로는 이들을 끌어들일 수 없다. 이는 기업이 채용 전략을 근본적으로 재구성해야 함을 의미한다.

AI와 자동화 기술의 발전 역시 인재에 대한 새로운 기준을 만들어 내고 있다. 반복적이고 규칙 기반의 업무는 AI가 빠르게 대체하고 있는 반면, 창의적 사고, 복합적 문제 해결, 인간적 소통 능력을 갖춘 인재의 가치는 더욱 높아지고 있다.

세계경제포럼(World Economic Forum)의 『The Future of Jobs Report 2023』은 2027년까지 약 8천3백만 개의 일자리가 사라지는 동시에, 약 6천9백만 개의 새로

운 일자리가 만들어질 것이라고 전망한다. 그리고 이 변화의 중심에는 AI와 협업할 수 있는 능력이 놓여 있다. 결국 디지털 전환은 단순히 기술의 문제가 아니다. 디지털 전환은 곧 인재 전환(Talent Transformation)이며, 이를 뒷받침할 수 있는 채용 전략의 혁신 없이는 조직의 지속 가능한 성장을 기대하기 어렵다.

오늘날 기업은 스스로에게 물어야 한다.

"우리는 AI 시대에 인재를 어떻게 정의하고 있는가?"

"어떻게 AI를 활용해 인재를 확보하며, 어떻게 개발하고 유지할 것인가?"

이 질문은 이제 과거 어느 때보다 전략적 중요성을 지닌 문제가 되었다.

다가오는 시대는 '가장 뛰어난 인재를 가진 기업'이 승리하는 시대가 아니라, '가장 뛰어난 인재를 적시에 확보하고, 효과적으로 활용할 수 있는 기업'이 승리하는 시대다. 그리고 이 치열한 인재 전쟁의 중심에서, AI 기반 채용(AI Recruitment)은 더 이상 선택이 아니라 필연적인 진화로 다가오고 있다.

직관과 편향의 시대를 넘어

채용은 오랫동안 사람의 직관과 경험에 의존해 이뤄져

왔다. 이력서와 경력 기술서를 눈으로 검토하고, 짧은 시간 동안 진행되는 인터뷰를 통해 지원자의 적합성을 판단하는 것이 일반적이었다. 하지만 이러한 직관적 채용 방식은 본질적으로 다양한 문제를 내포하고 있었다.

첫째, 편향(Bias)의 문제다. 직관에 의존할 경우, 지원자의 외모, 말투, 옷차림, 키, 첫인상 등 비본질적인 요소가 평가에 큰 영향을 미치게 된다. 특히 초기 서류 심사와 인터뷰 과정에서는 편향적 판단이 더욱 쉽게 개입된다. 실제로 첫인상이 좋은 지원자에게는 호의적으로 반응하고, 반대의 경우에는 비판적으로 접근하는 경향이 나타난다. 이는 객관적이고 공정한 평가를 방해한다(원유진, 2014).

둘째, 일관성(Consistency)과 재현성(Reproducibility)의 부족이다. 일관성이란 동일한 지원자에 대해 평가자가 다르거나 평가 시점이 달라도 결과가 크게 변하지 않는 정도를 뜻한다. 즉, 채용 기준과 평가 방법이 명확해 누구든지 비슷한 판단을 내릴 수 있는 상태를 의미한다. 재현성은 동일한 채용 절차를 반복 적용했을 때 유사한 결과가 지속적으로 나타나는 특성을 말한다.

공정한 채용 절차는 장소나 시간, 평가자가 달라져도 신뢰할 수 있는 일관된 결과를 보장해야 한다. 그러나 직관적 판단은 평가자마다 다르고, 같은 평가자라도 상황에 따라 결과가 달라질 수 있다. 예를 들어, 이스라엘 판사들의 가석방 승인율이 점심시간 전후로 극명하게 달라진 연구처럼, 채용에서도 평가자의 컨디션, 기분, 피로도가 결과에 중대한 영향을 미칠 수 있다(Kahneman, 2011).

셋째, 과신의 오류(Overconfidence)가 존재한다. 많은 사람들은 자신의 직관이 정확하다고 믿지만, 직관의 정확성을 체계적으로 검증하는 경우는 드물다. 몇 번의 성공 경험만을 근거로 직관을 과신하는 경향이 강하다.

넷째, 의사결정권자의 판단을 견제하지 못하는 문제도 있다. 직관 위주의 채용은 명확한 평가 기준이나 프로세스가 부족해, 임원이나 대표 등 의사결정권자의 주관적 판단에 쉽게 흔들릴 수 있다. 이는 특히 중소기업에서 더욱 빈번하게 나타나는 문제다.

다섯째, 스케일(Scale)의 한계다. 대규모 채용이 필요한 경우, 모든 지원자를 심도 있게 검토하는 것은 현실적으로 불가능하다. 결국 시간 압박 속에서 이력서의 키워드 몇 개나 표면적인 경력만으로 지원자를 평가하게 되고, 이로 인해 우수 인재를 놓치거나 부적합 인재를 채용하는 오류가 발생한다. 또한 비슷한 유형의 인재만 반복적으로 선발되거나, 평가자의 선호에 따라 다양성이 배제될 수 있다. 이는 장기적으로 조직의 혁신성과 경쟁력에 부정적 영향을 미칠 수 있다.

오늘날 후보자들의 경력 경로는 과거보다 훨씬 다변화되고 복잡해졌다. 정규 교육 → 대기업 입사 → 장기근속이라는 전통적 경로 대신, 다양한 산업 경험, 스타트업 근무, 프리랜서 활동, 디지털 노마드 형태의 프로젝트 참여 등 비표준 경력이 보편화되고 있다(World Economic Forum, 2023).

다양한 국가, 문화, 언어적 배경을 가진 인재들이 채용 시장에 진입하면서, 평가 기준 또한 정교하고 다차원적으로 설계될 필요성이 커졌다. 미래의 고성과(高成果) 조직은 다양한 문화적 배경을 지닌 팀을 효과적으로 구성하고 관리할 수 있는 능력에 의해 결정될 것이다(Rock & Grant, 2016). 따라서 인재 선발 단계부터 문화적 이해와 포용성에 기반한 평가 기준을 마련해야 한다. 단순히 이력서에 적힌 학교, 기업 이름, 연차만으로 후보자의 실질적 역량과 문화적 적합성을 평가하는 것은 점점 더 어려워지고 있다. 이런 상황에서 여전히 직관에만 의존해 지원자의 적합성을 판단하는 것은 매우 비효율적이며, 위험한 접근이 된다.

인간의 직관은 무의식적 편향에 쉽게 노출되고, 복잡한 다변수 평가를 체계적으로 처리하는 데 근본적인 한계가 있다. 특히 다양한 문화적 특성과 비표준화된 경력 경로를 가진 후보자들을 평가할 때, 기존의 경험적 기준만으로는 정확한 판단을 내리기 어렵다. Deloitte는 『2023 Human Capital Trends』 보고서에서 경고한다. "디지털 시대에는 채용에서도 데이터 기반 통찰력(Data-Driven Insights)이 반드시 필요하며, 그렇지 않으면 우수 인재를 지속적으로 놓칠 위험이 커진다."

글로벌 노동시장 확장과 디지털 전환은 채용 환경을 극적으로 바꿨다. 이에 따라 지원자 평가 역시 직관에 의존하는 시대를 넘어 보다 과학적이고 데이터 기반의 접근과 다양한 경력과 문화적 맥락을 이해하는 평가 체계가 필수 조건이 되었다.

데이터 기반 채용으로의 전환

직관에 의존한 채용의 한계와 위험성이 반복적으로 지적되면서 최근 기업들은 '데이터 기반 채용(Data-Driven Recruitment)'이라는 새로운 패러다임에 주목하고 있다.

데이터 기반 채용이란, 채용 과정 전반에 걸쳐 지원자와 관련된 다양한 데이터를 체계적으로 수집 · 분석해,

보다 객관적이고 일관된 의사결정을 내리는 방식을 의미한다. 단순히 지원자의 이력서나 면접 인상에 의존하는 전통적 방식에서 벗어나, 채용의 모든 과정을 수치화하고, 그 결과를 바탕으로 합리적이고 예측 가능한 채용을 실현하려는 움직임이다.

실제로 많은 기업들이 지원자 수, 서류 합격률, 면접 탈락률, 최종 합격률 등 채용 단계별 데이터를 체계적으로 관리하기 시작했다. 더 나아가 입사 후 성과, 조기 퇴사율, 직무 적합성 등 장기적 데이터를 추적 · 분석해, 어떤 채용 방식이 실제로 조직에 도움이 되는지를 검증하고 있다.

예를 들어, 특정 학교나 경력을 가진 지원자가 입사 후 우수한 성과를 보인다는 데이터가 축적되면, 해당 요소를 향후 채용 기준에 반영할 수 있다. 반대로, 면접관의 주관적 평가와 실제 업무 성과 간의 상관관계가 낮게 나타난다면, 면접 평가 방식 자체를 개선하는 근거로 삼을 수 있다.

데이터 기반 채용은 초기에는 구글, IBM, 삼성 등 일부 글로벌 대기업과 IT 기업을 중심으로 도입되었다고 하지만 최근에는 스타트업과 중견기업 등 다양한 규모의 기업들도 데이터의 중요성을 인식해 자사의 채용 데이터를 수집하고 분석하고 있다. 이는 단순한 유행이나 일시적 변화가 아니라 인재 확보 경쟁이 격화된 환경 속에서 기업이 생존하고 성장하기 위한 전략적 전환으로 평가된다.

미국의 SHRM(인적자원관리협회)이 2020년 발표한 『중소기업의 HR 기술 사용 보고서』에 따르면, 응답자의 56%가 데이터 분석을 통해 채용의 전반적인 과정과 결정을 수행하고 있는 것으로 나타났다. 또한 링크드인(LinkedIn)의 『2020년 채용 현황 보고서』에서는, 데이터와 분석 기능을 채용 전략에 활용하는 조직은 양질의 채용을 할 가능성이 1.9배 높다고 밝혔다. 이와 더불어, 데이터 중심 채용은 채용 기간을 평균 28% 단축시키고, 인재 유지 기간을 17% 증가시킬 수 있다고 언급했다.

SHRM의 2021년 조사에서도, 데이터 분석을 도입한 조직의 80%가 직원의 질 향상에 효과를 봤으며, 75%는 채용 기간 단축에 도움이 되었다는 결과가 제시되었다(이호, 2023).

데이터 기반 채용은 다양한 측면에서 긍정적인 효과를 가져온다. 첫째, 평가의 객관성과 공정성이 향상되어, 지원자와 기업 모두에게 신뢰를 줄 수 있다. 둘째, 채용 과정의 효율성이 높아져 불필요한 시간과 비용을 절감할 수 있다. 셋째, 채용 실패율을 낮추고, 조직에 적합한 인재를 선발할 가능성이 높아진다. 결국, 데이터 기반 채용은 단순한 도구나 보조 수단이 아니라, 채용의 객관성 · 효율성 · 성과를 향상시키기 위한 필수적인 변화이자 기업의 미래 경쟁력을 결정짓는 핵심 전략으로 자리 잡고 있다.

AI 채용의 등장

데이터 기반 채용이 기업 인사관리의 새로운 표준으로 자리 잡으면서, 자연스럽게 인공지능(AI) 채용이라는 혁신적 패러다임이 등장하고 있다.

과거에는 인사 담당자의 경험과 직관에 의존해 후보자를 선별했다. 하지만 오늘날에는 방대한 지원자 데이터를 신속하게 처리하고, 복잡한 패턴을 분석해 최적의 인재를 추천할 수 있는 기술적 기반이 마련되었다.

AI 채용은 단순한 데이터 수집과 분석을 넘어, 채용 프로세스의 효율성과 정확성을 비약적으로 향상시키고 있다. 대표적인 사례로, 글로벌 기업 유니레버(Unilever)는 AI 기반 채용 시스템을 도입해 연간 약 180만 건 이상의 지원서를 자동으로 처리하고 있다. 이 시스템은 이력서 분석, 온라인 게임 기반 직무 역량 평가, AI 면접 분석 등 채용 전 과정을 자동화하고 있으며, 그 결과 약 7만 시간의 인사 담당자 업무 시간을 절감했다. 또한, 지원자의 다양성과 공정성 측면에서도 긍정적인 변화가 나타났다(정지은, 2020).

AI 채용은 빠른 처리 속도뿐만 아니라, 평가 기준의 일관성과 재현성확보에 강점을 지닌다. 이는 대규모 지원자 관리가 필요한 상황에서 더욱 큰 효과를 발휘한다.

국내에서도 AI 채용의 도입은 빠르게 확산되고 있다. 대표적으로 원티드랩(Wanted Lab)의 '매치업(MatchUp)' 서비스는 900만 건이 넘는 인재 매칭 데이터를 기반으로 머신 러닝(Machine Learning, ML) 알고리즘을 적용해, 기업과 구직자 모두에게 최적의 매칭을 제공하고 있다. 이를 통해 인재 탐색에 소요되는 비용과 시간을 절감하는 동시에, 구직자에게는 보다 개인화된 추천을 제공해 채용 효율성을 극대화하고 있다.

매치업 서비스는 특히 빠르게 변화하는 기술 인재 시장에서 기업들이 적합한 인재를 신속하게 확보할 수 있도록 지원하며, 국내 AI 기반 채용 시장을 선도하고 있다.

손승원과 오주연(2023)은 이러한 AI 채용 시스템의 도입이 공정성, 효율성, 비용 절감이라는 세 가지 핵심 목표 달성을 위한 전략적 수단이라고 설명한다. 이들은 미국의 하이어뷰(HireVue) 사례를 통해, AI 면접 시스템이 언어, 표정, 목소리 톤 등 다양한 요소를 분석해 지원자의 인성과 역량을 평가하는 방식을 소개했다. 이는 단순히 채용 속도를 높이는 데 그치지 않고, 편향을 줄이고 평가의 객관성을 강화하는 데 기여하고 있다.

오늘날 AI 채용은 더 이상 단순한 채용 보조 도구가 아니라 채용 전략의 핵심 축(core pillar)으로 자리매김하고 있다.

AI 채용 시스템은 인사 담당자가 반복 수행하던 서류 심사, 후보자 비교, 인터뷰 일정 조율 등 시간 소모적인 업무를 크게 줄여줄 뿐만 아니라, 지원자 평가의 객관성과 일관성을 높이는 데 기여하고 있다.

특히 면접 영상 분석, 언어 · 행동 패턴 인식, 심리 검사 자동화 등 다양한 AI 기술이 채용 과정에 통합되면서 인간 직관의 한계를 기술적으로 보완하고 있다.

그러나 AI 채용의 한계도 분명히 존재한다. 가장 대표적인 문제는 설명 가능성(explainability)의 부족과 지원자 경험(candidate experience) 악화 가능성이다. 예를 들어, 지원자가 AI 면접 결과에 납득하지 못하거나 평가 기준이 불투명할 경우, 기업에 대한 신뢰도(trust)가 오히려 낮아질 수 있다. 이러한 이유로 많은 글로벌 기업들은 AI를 독립적인 판단 주체로 전적으로 의존하기보다는, 인간 면접관의 결정을 보조하는 '협력형(Co-Pilot Mode)' 형태로 기술을 활용하고 있다.

AI는 감정을 배제한 평가를 통해 편견과 선입견을 줄이는 데 기여할 수 있다. 인간 심사는 무의식적 편향에 영향을 받기 쉬운 반면, AI는 사전에 설정된 평가 기준에 따라 일관된 평가를 수행할 수 있다.

이는 다양한 배경을 가진 지원자들이 공정한 기회를 얻는 데 도움을 주고, 결과적으로 조직의 다양성과 포용성(Diversity & Inclusion) 전략을 강화하는 데 긍정적인 영향을 미친다.

결국 AI 채용은 단순한 효율성 개선을 넘어, 인재 확보 경쟁이 치열해진 시대에서 기업의 생존과 성장을 좌우하는 핵심 전략으로 자리 잡고 있다. 앞으로 기술 발전과 함께 AI 채용은 더욱 정교해질 것이며, 채용 시장의 '뉴노멀'로 자리매김하게 될 전망이다.

AI 채용의 그림자

AI 채용 시스템은 기업에 시간과 비용 절감, 평가의 정교함, 공정성 제고라는 변화를 가져왔다. 지원자 데이터를 신속히 처리하고, 반복적이고 주관이 개입될 수 있는 업무를 자동화해 인사 담당자의 부담을 줄였다.

글로벌 대기업과 국내 주요 기업은 이미 AI를 핵심 채용 도구로 활용하고 있다. 하지만 이러한 긍정적 변화 이면에는 반드시 직시해야 할 그림자가 존재한다. 가장 심각한 문제는 알고리즘 편향(algorithmic bias)이다.

AI는 과거 채용 데이터를 학습해 지원자를 평가한다. 이때 학습 데이터에 성별, 연령, 인종, 학력, 지역 등 편견이 담겨 있다면 AI는 이를 그대로 재현하고 차별적 결과를 도출할 수 있다.

실제로 아마존은 여성 지원자에게 불리하게 작동한 AI 채용 시스템을 중단한 바 있다. AI가 무의식적 편향을 수치화하고 정교화해 되풀이하는 위험이 드러난 사례다.

손승원과 오주연(2023)은 최근 연구에서 AI가 편향된 데이터를 학습할 경우, 공정하지 않은 결과를 만들 수 있다고 경고한다. 이러한 AI는 기존의 불평등 구조를 강화할 수 있다. 단순한 기술 문제가 아니라 윤리적이고 사회적인 책임의 문제다.

또 다른 근본적 문제는 설명 가능성의 부족이다. 딥러닝 기반 AI는 수많은 변수를 종합해 결과를 도출한다.

합격과 탈락의 이유를 설명하기 어렵다. 지원자와 인사 담당자 모두 AI의 판단 논리를 이해하거나 설명하지 못하는 일이 자주 발생할 수 있다.

실제 인사 담당자들은 "AI 채용 서비스는 결과만 제공할 뿐, 왜 그런 결과가 나왔는지 설명할 수 없다"며 사용을 꺼리는 이유를 말하곤 한다. 이런 상황은 채용의 투명성과 신뢰를 해치며 지원자가 자신의 약점을 개선할 기회를 얻지 못하게 만든다. 결국 기업 브랜드에도 부정적 영향을 줄 수 있다.

AI 채용은 효율적이지만, 지원자 경험 측면에서는 새로운 문제를 낳는다. 서류 심사, 게임 기반 평가, 영상 면접 등 AI 중심 절차는 지원자에게 기계와 대화하는 듯한 경험을 안긴다. 많은 지원자들이 인간적 소통의 부재와 평가 기준의 불확실성에 대한 불안감을 토로한다. 특히 탈락한 지원자에게 명확한 피드백이 제공되지 않으면 좌절감은 커진다. 이는 해당 기업에 대한 부정적 인식을 만들고, 재지원 의사도 떨어뜨린다. 단기적 효율성만 추구한 결과가 장기적으로는 인재풀 약화로 이어질 수 있는 것이다.

AI 채용은 분명 혁신적 도구다. 하지만 만능이 아니다. 기술만으로 모든 채용 문제가 해결되지 않는다. 오히려 새로운 문제와 윤리적 고민이 함께 따라온다. 기업은 AI의 한계와 위험을 정확히 인식하고 책임 있는 활용 방안을 갖춰야 한다.

AI는 어디까지나 도구다. 이 도구를 어떻게 이해하고, 어떤 기준과 원칙으로 활용할 것인지가 핵심이다. 공정성과 투명성을 높이기 위해 기업은 알고리즘 편향을 지속적으로 점검하고 개선해야 한다. 또한 결과에 대한 설명 가능성을 확보할 수 있는 기술적, 제도적 장치를 마련해야 한다. 지원자와의 소통을 강화하고, 인간적인 피드백과 배려를 포함한 사람 중심 채용 문화를 병행해야 한다.

결국 AI 채용의 미래는 기술의 진화보다 이를 얼마나 책임 있게 활용할 것인지에 달려 있으며, 혁신과 효율성 뒤에 숨어 있는 그림자를 직시해야 한다. 모두에게 신뢰받는 채용 시스템을 만들기 위한 노력이 필요하다.

채용 담당자의 역할 변화

AI 채용이 가져온 혁신은 분명하다. 하지만 기술만으로는 채용의 성공을 보장할 수는 없다. 알고리즘 편향, 설명 불가능성, 지원자 경험의 저하 같은 문제들은 채용의 책임과 판단이 여전히 인간에게 남아 있음을 상기시킨다. 따라서 AI 시대에도 채용 담당자의 중요성은 결코 줄어들지 않는다.

AI는 방대한 데이터를 빠르게 분석하고 반복적인 작업을 처리할 수 있다. 하지만 최종 판단, 조직 문화와의 적합성 평가, 사람의 가능성을 보는 통찰은 여전히 사람의 영역이다.

이제 채용 담당자는 단순한 관리자도, 실무 운영자도 아니다. AI와 협력하며 조직의 미래를 설계하는 전략적 파트너로 재정의되어야 한다. 그렇다면 이 새로운 역할은 어떤 역량을 필요로 할까.

다섯 가지 방향으로 정리할 수 있다.

첫째, AI 기술에 대한 이해와 실무 적용 능력이다. 채용 담당자는 AI의 작동 원리와 활용 방식을 이해해야 한다. 공고 작성, 인재 탐색, 서류 검토, 면접 평가 등 전 과정에서 AI 도구를 적절히 활용할 수 있어야 한다. 하지만 AI는 어디까지나 도구에 불과하다. 결정은 인간이 내리고, 결과는 인간이 책임진다. 따라서 담당자는 AI의 출력을 무비판적으로 수용하기보다 그 의미를 해석하고 통제할 수 있는 비판적 사고력을 갖춰야 한다.

둘째, 데이터를 읽고 해석하는 능력이다. AI는 패턴을 학습하고, 예측 결과를 제시한다. 그러나 그 의미와 한계를 판단하는 것은 사람이다. 채용 담당자는 단순히 숫자를 받아들이는 것을 넘어 그 데이터가 어떤 맥락에서 나왔는지 이해하고, 조직의 문화, 직무 특성, 전략 방향에 맞춰 최종 결정을 내릴 수 있어야 한다.

셋째, 공정성과 포용성을 설계하는 책임이다. AI는 과거의 데이터를 학습한다. 이 데이터에 편견이 섞여 있다면, AI는 그 편견을 강화한다. 따라서 채용 담당자는 알고리즘이 공정성을 해치지 않도록 지속적으로 점검하고 개선할 기준을 설정해야 한다. 채용 과정이 특정 집단에 불리하게 작용하지 않도록 포용적 관점에서 프로세스를 설계할 수 있어야 한다.

넷째, 학습 민첩성(Learning Agility)이다. AI 기술은 빠르게 진화하고 있다. 채용 패러다임도 정해진 것이 없다. 채용 담당자는 이 변화에 적응하고 앞서 나가야 한다. 새로운 도구, 새로운 기준, 새로운 윤리적 요구에 맞춰 자신의 역량을 빠르게 학습하고 전환하는 능력이 필요하다. 또한 AI 채용 시스템이 조직의 가치와 목표에 맞게 설계되어 있는지 다양한 부서와 협력해 점검하고 개선을 이끌어야 한다.

우리는 지금 AI 채용의 미래를 논하고 있다. 이 글은 단순한 기술 소개가 아니다. 다가온 변화가 HR 실무에 어떤 파장을 미치고 있으며, 그 변화에 어떻게 대응해야 하는지를 제안하고자 한다.

앞으로 우리는 다음과 같은 질문에 답해야 한다. AI와 HR 데이터는 어떤 관계를 맺어야 하는가. 채용 공고는 어떻게 다뤄야 하며, 후보자 유입은 어떻게 설계할 것인가. 스크리닝, 면접, 의사결정 과정은 어떻게 변화해야 하는가. 지원자 경험을 어떻게 관리할 것인가. AI 도입에 따른 윤리적 이슈는 어떻게 다뤄야 하는가. 채용 실패와 성공 사례는 무엇을 말해주는가. 그리고 AGI 시대가 도래했을 때, 채용의 본질은 어떻게 달라질 것인가.

AI 채용은 도구의 변화가 아니다. 채용 철학과 구조, 판단 방식 전체가 바뀌는 사고의 대전환이다. 대전환의 최전선에 사람이 있다. 채용 담당자는 그 변화의 중심에서서 기술과 인간성을 결합한 새로운 채용 문화를 만들어 가야 한다.

다가온 미래를 이해하고, 다가올 미래를 준비해야 한다.

참고문헌

손승원 · 오주연(2023). AI 채용시스템 도입성과: 국내외 사례연구. ≪한국진로창업경영학회지≫, 7(2), 137-155쪽.

원유진(2014.2). 직관, 생각보다 위험하다. ≪동아비즈니스리뷰≫, 147.
https://dbr.donga.com/article/view/1303/article_no/6281/ac/magazine

윤명훈(2024a.4.30). AI 시대, 어떤 인력 확보할 지 고민할 때. ≪지디넷≫. https://zdnet.co.kr/view/?no=20240430091457

윤명훈(2024b.12.13). AI가 이끄는 채용의 혁신: 다가온 미래와 다가올 미래, 어떻게 준비할 것인가?. KT 엔터프라이즈.
https://enterprise.kt.com/bt/P_BT_TI_VW_001.do?bbsId=2837&bbsTP=A

이호(2023.3.17). 데이터 기반 채용, 양질의 채용 가능성 1.9배 높아. ≪넥스트데일리≫.
https://www.nextdaily.co.kr/news/articleView.html?idxno=216599

정지은(2020.10.27). AI 채용 시스템 도입한 유니레버… "7만 시간 아꼈다". ≪한국경제≫.
https://www.hankyung.com/article/2020102754501

Deloitte(2023). 2023 Global human capital trends.
https://www2.deloitte.com/us/en/insights/focus/human-capital-trends/2023.html

Kahneman, D.(2011). *Thinking, fast and slow.* Farrar, Straus and Giroux.

Rock, D. & Grant, H.(2016). Why diverse teams are smarter. *Harvard Business Review*, 4(4), pp.2-5.

World Economic Forum(2023). The Future of Jobs Report 2023.
https://www.weforum.org/reports/the-future-of-jobs-report-2023

01
AI와 HR 데이터

AI 시대의 HR은 단순히 데이터를 축적하는 것을 넘어, 그 데이터를 '어떻게 읽고', '무엇을 예측하며', '어떻게 실행하는가'에 달려 있다. HR 애널리틱스(Analytics)에서 예측형 AI의 도입으로 가능해진 변화와 생성형 AI의 등장이 어떻게 HR 실무를 자동화, 개인화, 전략화하는지를 짚는다. 더 나아가 HR 에이전트라는 새로운 패러다임으로 확장되고 있는 변화를 바라보며 지금 HR에서 AI와 데이터를 진지하게 논의해야 하는 필요성을 말한다.

AI와 1인 창업?

HR 애널리틱스와 사람에 대한 과학적 이해

인사를 과학으로 설명하려는 시도는 어제오늘의 일이 아니다. 하지만 오랜 시간 동안 인사관리(Human Resource Management)는 수많은 기업 활동 중에서도 가장 직관과 경험에 의존하는 분야로 남아 있었다. 변화는 점진적으로 다가왔다. 디지털 전환이 가속화되고, 조직 내부에 다양한 형태의 HR 데이터가 축적되면서 인재관리를 데이터 기반으로 전환하려는 흐름이 나타나기 시작한 것이다. 바로 이 접점에서 HR 애널리틱스라는 개념이 등장했다.

HR 애널리틱스는 단순한 인사정보시스템(HRIS)이나 대시보드 수준의 운영 관리에서 벗어나, 조직 내 인사 데이터를 기반으로 전략적 의사결정을 지원하는 분석 활동으로, 데이터 분석의 성숙도에 따라 네 가지 단계로 발전한다.

첫 번째 단계인 설명적 분석(Descriptive Analytics)은 과거의 인사 데이터를 요약해 현재 상태를 파악하는 데 목적이 있다. 예를 들어, 이직률, 평균 근속 연수, 부서별 교육 참여율 등 주요 HR 지표를 시각화 도구를 통해 리포트로 정리하며, 데이터를 단순히 '보는' 수준에서 활용된다.

두 번째 단계인 진단적 분석(Diagnostic Analytics)은 '왜 그런 일이 발생했는가?'에 대한 원인을 파악하는 단계로, 상관 분석, 회귀 분석, t-test 등 통계 기법을 활용해 이직률이 높은 부서의 특성이나 교육 참여율과 성과 간의 관계를 설명할 수 있다.

세 번째 단계인 예측적 분석(Predictive Analytics)은 머신 러닝 등의 기법을 통해 미래의 인사 이슈를 예측하는 것으로, 예를 들어 향후 이직 가능성이 높은 직원을 사전에 식별해 리스크에 선제적으로 대응할 수 있도록 한다.

마지막으로 처방적 분석(Prescriptive Analytics)은 최적의 해결책을 제안하고 행동으로 연결되는 인사이트를 제공하는 단계다. 예측 결과를 바탕으로 맞춤형 유지 전략을 설계하거나, 인재 배치 시뮬레이션을 통해 인사 전략을 실행에 옮길 수 있다. 이처럼 HR 애널리틱스는 단순한 데이터 보고에서 출발해, 인과 파악, 미래 예측, 전략 실행으로 이어지는 데이터 기반 HR 의사결정의 핵심 도구로 자리 잡고 있다.

전통적으로 HR 부서가 감각과 판단에 의존해 온 채용, 평가, 승진 결정들이 이제는 데이터를 근거로 한 정밀한 판단으로 전환되고 있는 것이다. 특히 최근에는 예측(Prediction)과 설명(Explanation)의 차이를 명확히 인식하며, 각기 다른 목적과 방식의 분석이 병행되고 있다.

HR 애널리틱스의 실용성은 다음 두 가지 조건에서 더욱 부각된다. 첫째, 기존의 직관적 채용·승진 방식에서 벗어나, 객관적 기준을 기반으로 인재를 비교하고 평가할 수 있다. 둘째, 다양한 조직 데이터를 통합 분석함으로써 과거의 성과뿐 아니라 미래의 가능성까지 포착할 수 있다. 이중학 등(2020)은 HR 애널리틱스의 활용 방식에서 예측의 중요성을 강조한다. 예측 모델은 미래 행동을 정확히 예측하는 데 초점을 맞춘다. 특히 이는 조직이 인재 전략을 사후적 관점이 아니라 선제적·전략적 관점에서 접근하도록 만든다. Shmueli(2010)가 강조했듯, 예측 중심 분석은 모델의 해석 가능성보다 예측 정확도와 실용성을 우선시한다는 점에서, 현장에 적용되는 HR 애널리틱스의 성격을 잘 보여 준다.

AI의 등장과 HR 애널리틱스의 진화

AI의 도입은 HR 데이터 활용 방식에 결정적 전환점을 가져왔다. 기존의 HR 애널리틱스가 주로 과거 데이터를 분석해 조직 전반의 인재 전략을 설명하고 진단하는 데

초점을 맞췄다면, AI는 데이터를 바탕으로 미래를 예측하고 선제적 대응을 가능하게 했다(Dima et al., 2024). 특히 직원 이직 가능성, 성과 예측, 교육 효과성, 채용 후 성공률 등의 문제에 대해 실시간으로 예측 모델을 제공함으로써, HR 부서의 의사결정 패러다임을 "설명 기반"에서 "예측 기반"으로 바꾸어 놓았다.

예를 들어, 직원들의 과거 프로젝트 참여 이력, 평가 결과, 업무 몰입도 같은 데이터를 학습한 AI는 이직 위험이 높은 인재를 사전에 식별하고, 개인화된 유지 전략을 제시할 수 있다. 또한 후보자의 지원 이력과 인터뷰 반응, 기존 채용 결과를 학습한 AI는 향후 성과 가능성이 높은 인재를 추천하는 기능을 수행한다. 이러한 방식은 기존의 감에 의존한 채용과 평가를 정량적 예측 기반으로 대체하고 있다.

Shmueli(2010)에 따르면, 예측은 설명과 완전히 다른 분석 목적을 가지며, 해석보다 결과의 정확도가 우선된다. 이중학 등(2020) 또한 HR 분야에서 예측형 분석이 실제 의사결정에서 더 실용적일 수 있음을 강조하며, 특히 채용과 유지, 성과 관리, 경력 개발 등 실무 영역에서 그 효과성이 탁월하다고 지적했다.

이처럼 AI는 HR 데이터를 단순한 기록에서 의사결정

도구로 바꾸었으며, 조직은 더 이상 과거를 되돌아보는 데 그치지 않고, 미래를 준비하는 체계로 전환되었다. 초기의 AI 역할을 예측형 AI라 정의하고, 이 변화는 향후 생성형 AI 기술의 등장으로 새로운 국면을 맞이하게 된다.

생성형 AI vs 예측형 AI

예측형 AI는 HR 데이터의 구조적 분석과 실무 적용에 강점을 가져오며, 실질적인 문제 해결 능력을 키워왔다. 하지만 2022년 이후 본격적으로 주목받기 시작한 생성형 AI(Generative AI)는 HR 업무 전반에 새로운 가능성을 열어주고 있다. 예측형 AI가 '누가 적합한가', '누가 떠날 것인가'라는 질문에 답하는 도구였다면, 생성형 AI는 '무엇을 어떻게 쓸 것인가'에 대한 새로운 차원의 자동화 도구가 되었다(윤명훈, 2024).

대표적인 생성형 AI인 대규모 언어 모델(LLM, Large Language Model)은 직무 기술서 자동 생성, 후보자 안내 메일 작성, 인터뷰 질문 설계, 교육 콘텐츠 및 피드백 메시지 작성 등 HR의 일상적인 콘텐츠 제작 업무를 빠르고 정밀하게 처리할 수 있게 해준다. 이는 HR의 업무 부담을 크게 줄이며, 더 나아가 포용적이고 다양성을 고려한 언어를 사용하는 데에도 도움을 준다.

또한 생성형 AI는 예측형 AI의 한계를 보완한다. 예측형 AI는 데이터를 기반으로 미래 행동을 예측하지만, 그 결과를 전달하고 실현하기 위한 언어적, 설계적 표현이 필요하다. 이때 생성형 AI는 예측 결과를 바탕으로 실제 실행 가능한 커뮤니케이션과 콘텐츠를 생산함으로써, '분석'에서 '실행'으로의 전환을 돕는다.

이처럼 생성형 AI와 예측형 AI의 결합은 HR 기술의 궁극적 진화 방향을 보여 준다. 하나는 패턴을 감지하고 예측하는 엔진이고, 다른 하나는 그것을 인간에게 전달할 수 있는 언어와 설계의 엔진이다. 이처럼 생성형 AI와 예측형 AI의 결합은 HR 기술의 궁극적 진화 방향을 보여 준다. 두 기술의 시너지 효과는 HR을 반복적이고 행정적인 작업에서 벗어나, 전략적이고 창의적인 의사결정 주체로 재구성하는 핵심이 된다.

이러한 기술적 결합은 실제 HR 실무에서 다음과 같은 방식으로 구체화되고 있다.

첫째, 채용 후보자 예측을 통해 맞춤형 직무 기술서(JD, Job description) 생성이 가능하다. 예측형 AI는 고성과자의 이력 및 직무 이력을 분석해 유사한 유형의 지원자를 예측하고, 생성형 AI는 해당 직무에 맞는 맞춤형 직무 기술서를 자동으로 작성한다. 이를 통해 보다 정확한 채용 타기팅과 효율적인 홍보가 가능해진다.

둘째, AI가 이직 위험이 높은 직원을 조기에 감지하면, 생성형 AI는 해당 직원의 성향과 성과 기반의 동기 부여 메시지를 자동 생성해 관리자 또는 당사자에게 전달한다. 이는 맞춤형 유지 전략 실행을 촉진한다.

셋째, 향후 성과가 하락할 가능성이 있는 인재를 예측한 후, 생성형 AI는 그에 맞는 구체적인 개선 피드백과 코칭 메시지를 자동 생성해 상사 또는 HR 담당자에게 제공한다. 피드백의 품질과 일관성이 향상된다.

넷째, 예측형 AI는 개인 또는 조직 단위의 스킬 격차를 분석하고, 생성형 AI는 해당 격차를 해소하기 위한 학습 콘텐츠, 가이드라인, 실습 과제를 자동 생성해 제공한다. 이는 교육 기획의 부담을 대폭 줄여준다.

다섯째, 예측형 AI가 DE&I(Diversity, Equity & Inclusion. 다양성, 형평성, 포용성) 차원의 평가 편향 가능성을 탐지하고, 생성형 AI는 포용적 언어와 구조를 반영한 인터뷰 질문지, 자기소개서 항목, 평가 척도를 자동 설계해 조직의 다양성 및 포용성 전략을 실행 가능하게 만든다.

이러한 활용은 단순한 기술의 적용을 넘어, HR이 데

이터 기반 전략 조직으로 진화할 수 있는 실질적 토대를 제공한다. 그리고 이제 우리는 이러한 변화의 연장선에서 등장하고 있는 새로운 개념, 바로 'HR 에이전트(Agent)'의 시대를 마주하게 된다.

HR 에이전트의 부상과 인사의 전략적 재설계

AI 기술의 발전은 단순한 자동화를 넘어, 이제는 자율적 의사결정을 수행하는 HR 에이전트의 등장을 가능하게 만들고 있다. 이들은 채용, 배치, 경력 개발, 유지 전략, 평가 피드백 등 전반에 걸쳐 사람처럼 사고하고, 판단하고, 실행할 수 있는 지능형 시스템으로 기능한다. 이른바 "AI 동료"가 HR 현장에 실질적으로 진입하기 시작한 것이다.

예측형 AI가 인재의 미래 행동을 예측하고, 생성형 AI가 그것을 기반으로 커뮤니케이션을 구성하며, HR 에이전트는 이 모든 기능을 하나의 통합 인터페이스에서 실행 가능하게 만든다. 예컨대, 신규 입사자의 JD 작성, 평가 기준 설정, 교육 콘텐츠 제공, 이직 리스크 모니터링, 관리자 코칭까지 단일 AI 시스템이 처리할 수 있는 시대가 열리고 있다.

이는 HR의 존재 방식에도 근본적인 질문을 던진다.

이제 인사 담당자는 무엇을 더 잘해야 하는가? 정답은 명확하다. '해석'과 '판단', 그리고 '설계'다. AI가 데이터를 모으고, 분석하고, 전달할 수 있을지라도, 최종적으로 전략을 수립하고 조직 철학과 연계된 판단을 내릴 수 있는 존재는 여전히 사람이다.

앞으로 HR은 데이터 관리자가 아니라 'AI 활용 전략가'가 되어야 한다. 데이터를 읽는 법을 아는 것이 아니라, AI가 만든 추천을 의심하고 조율할 수 있는 역량을 갖추는 것이다. 윤리적 감수성과 다양성에 대한 이해, 조직 문화와 전략의 정합성까지 고려하는 통합적 관점이 필요하다.

HR 에이전트의 등장은 위기가 아니라 기회다. 반복적인 작업에서 벗어나, HR 본연의 역할인 인간에 대한 깊은 이해와 조직에 맞는 성장 설계자로 거듭나는 전환점이다. HR은 더 이상 뒷단의 운영 부서가 아닌, AI와 함께 조직의 미래를 공동 설계하는 전략적 동반자가 되어야 한다.

참고문헌

윤명훈(2024.4.30). AI 시대, 어떤 인력 확보할 지 고민할 때. ≪지디넷≫. https://zdnet.co.kr/view/?no=20240430091457

이중학 외(2020). HR Analytics 연구 및 활용에서의 가설 검정과 예측의 차이점: Assessment Center 사례를 중심으로. ≪조직과 인사관리연구≫, 44(2), 103-123쪽.

AIHR(2024). AI in talent management: Use and limitations in HR.
https://www.aihr.com/blog/ai-in-talent-management/

Dima, J. et al.(2024). The effects of artificial intelligence on human resource activities and the roles of the human resource triad: Opportunities and challenges. Frontiers in psychology, 15, 1360401. https://doi.org/10.3389/fpsyg.2024.1360401

Shmueli, G.(2010). To explain or to predict?. *Statistical science*, 25(3), pp.289-310.

02
공고 작성과 후보자 유입

채용 과정의 시작점인 채용 공고 작성과 후보자 유입은 단순히 절차상의 첫 단계가 아니다. 이 단계에서 제공되는 정보의 질, 전달 방식, 접근성, 그리고 기업이 외부 인재에게 남기는 첫인상은 전체 채용 여정의 품질을 결정짓는 가장 중요한 기초 작업이다. 인공지능을 활용한 채용 공고 작성, 후보자 유입을 위한 소싱 전략에 대해 기술적 로직과 업무 흐름 중심으로 살펴본다.

AI와 MBTI?

채용 브랜딩은 시작이자 전략이다

Glassdoor의 조사에 따르면, 구직자의 75%가 기업이 적극적으로 채용 브랜딩을 관리할 경우 해당 기업의 채용 공고에 지원할 가능성이 높다고 응답했다(Glassdoor, 2021). 이는 채용 공고와 브랜딩이 퍼넬(Funnel) 초입에서 지원 전환율을 높이는 핵심 요인임을 보여 주는 실증적 근거다.

채용 공고 작성은 그 자체로 하나의 콘텐츠 제작 과정이며, 조직의 가치와 비전을 외부에 전달하는 일종의 브랜드 커뮤니케이션 행위다. 특히 '채용 브랜딩'은 단순히 기업을 소개하는 수준을 넘어, '이 조직에서 일하는 것이 어떤 의미인지'를 잠재 지원자에게 설득하는 설계된 메시지다. 채용 브랜딩이 약한 기업일수록 공고의 도달률, 열람률, 지원 전환율이 낮게 나타난다. 이는 마치 퍼넬 초입에서부터 흐름이 막히는 것과 같으며, 이후 어떤 우수한 면접이나 평가 도구도 효과를 보지 못하게 만든다. 따라서 채용 퍼넬의 첫 단계인 공고와 소싱 단계는 '성과를 만드는 입구'로서 전략적으로 설계돼야 한다.

생성형 AI 기반 공고 자동화의 기술과 프로세스

SHRM(Society for Human Resource Management)의

보고서에 따르면, AI 기반 채용 도구를 도입한 기업들은 채용 공고 작성과 후보자 선별의 자동화로 인해 채용 소요 시간을 평균 30~40% 단축했으며, 인사 팀의 리소스 부담을 크게 줄였다. 또한, 동일 조사에서는 AI 기반 채용 공고 작성이 평균 채용 기간을 40%까지 감소시키는 효과가 있음을 보여 주었다(El Ouakili, 2025).

더불어 AI는 채용 공고 작성 시 무의식적 편견을 감지하고, 성별・연령・인종 관련 표현을 중립적으로 교정함으로써 DE&I를 지향하는 언어 사용을 유도한다. 이는 다양한 배경을 가진 지원자 유입을 가능하게 하며, 실제로 AI 기반 공고를 도입한 기업들은 기존 대비 더 높은 다양성 비율의 지원자 풀을 확보한 사례가 증가하고 있다.

하지만 대부분의 기업에서는 여전히 이를 반복적이고 행정적인 업무로 인식하고 있다. 특히 인사 팀의 리소스가 제한된 중소기업이나 스타트업에서는 수작업으로 이뤄지는 공고 작성이 시간과 품질 양면에서 병목이 되곤 한다. 생성형 AI는 이러한 비효율을 개선하는 강력한 도구로, 고도화된 언어 모델을 통해 기업의 내부 정보를 바탕으로 일관되고 명확한 채용 공고를 자동 생성할 수 있게 한다.

예를 들어, 챗지피티(ChatGPT) 같은 생성형 AI는 프롬프트(입력 명령어)에 기반해 직무 명, 기술 요건, 근무 형태, 조직 문화 등의 요소를 입력받고, 이를 구조화된 채용 공고 형태로 출력할 수 있다.

예시 프롬프트는 다음과 같다:

"백엔드 개발자를 채용하려고 합니다. Java와 Spring Boot를 사용할 줄 아는 경력 3년 이상의 인재를 원하며, 저희는 자율적인 문화와 원격 근무 환경을 제공합니다. 이를 바탕으로 매력적인 채용 공고를 작성해 주세요."

생성형 AI는 이를 바탕으로 기업 소개, 주요 업무, 자격 요건, 우대 사항, 복지 제도 등 구성 요소를 포함한 문서를 생성한다.

이 과정에서 AI는 단순히 정보를 나열하는 수준을 넘어, 문장의 흐름, 강조점, 독자 친화성 등을 종합적으로 고려한다. 더불어 DE&I 관점에서 편향적 표현을 자동 감지하거나 제거하는 기능도 추가할 수 있다(Chen, 2023). 예를 들어 "젊고 활기찬 인재"라는 표현은 "다양한 배경을 가진 성장을 추구하는 인재"로 대체될 수 있다. 이러한 언어적 필터링은 무의식적 편견을 줄이는 동시에 기업의 포용성 있는 브랜드 이미지를 강화하는 효과를 낳는다.

또한, 반복되는 채용 공고 작성 과정을 통해 기업 고유의 텍스트 스타일이나 표현 방식을 학습하게 되면, AI는 이를 반영해 점점 더 '우리 회사다운' 문체와 구성으로 자동화 수준을 고도화할 수 있다. 템플릿 기반의 사전 학습과 키워드 인식 알고리즘이 결합되면, 공고 작성 속도는 줄어들고, 완성도는 높아진다. 더 나아가 HRIS나 ATS 시스템과 연동되면, 기존 직무 기술서 데이터베이스에서 유사 공고를 불러와 수정 제안까지 수행할 수 있다. 이는 특히 다수의 직군을 동시에 채용하는 시기나, 비정기적으로 급하게 인력이 필요한 상황에서 업무 부담을 현격히 줄여 준다.

AI 기반 소싱의 구조와 퍼넬 설계

AI 기반 소싱 플랫폼은 전통적인 잡보드나 자사 채용 페이지를 넘어, 잠재적 인재를 포함한 훨씬 넓은 인재 풀을 자동으로 탐색할 수 있다는 장점이 있다. 피플스카우트(PeopleScout)의 사례에 따르면, AI 소싱을 도입한 기업은 인터뷰 전환율이 약 1.7배 증가하고, 입사 후 6개월 이내 퇴사율은 18% 감소하는 등, 정량적 성과 측면에서 명확한 개선 효과를 보고했다.

AI는 자연어 처리(NLP, Natural Language Processing)

기술을 통해 JD와 후보자 프로필을 정량화하고 의미론적으로 매칭함으로써, 수작업으로는 찾기 어려운 '숨은 인재'를 자동으로 추천하는 기능을 수행한다. 이로 인해 채용 퍼넬 초입에서의 이탈률을 줄이고, 보다 높은 품질의 지원자 유입을 가능하게 한다.

공고 작성 이후에는 곧바로 중요한 과제가 기다린다. '누가 이 공고를 보게 만들 것인가'라는 문제다. 즉, 채용 공고의 품질 못지않게 그것이 도달하는 경로, 즉 소싱 전략이 중요하다. 인재 유입 퍼넬의 관점에서 보면, 이 단계는 가장 많은 이탈이 발생하는 구간이며, 이를 과학적으로 설계하지 않으면 우수 인재의 지원을 확보하기 어렵다.

기존의 채용 채널, 예컨대 잡보드나 자사 홈페이지 게재만으로는 더 이상 경쟁력 있는 인재를 유입하기 어렵다. 특히 기술 직군이나 고경력직의 경우, 수동적인 방식으로는 실질적인 지원 전환율을 기대하기 어렵다. 이에 따라 능동적인 후보자 탐색을 가능케 하는 AI 기반 소싱 플랫폼의 필요성이 급증하고 있다(Alexander et al, 2025).

AI 소싱 도구는 보통 다음과 같은 방식으로 작동한다. 먼저 다양한 외부 데이터 소스(LinkedIn, GitHub, 커리어 플랫폼 등)에서 공개된 이력 정보나 활동 데이터를 수집한다. 이후 자연어 처리 기술과 의미 기반 검색 알고리즘을 통해 후보자의 기술, 경험, 활동 이력을 벡터 형태로 임베딩해 정량화한다. 동시에 기업이 등록한 JD의 요구 조건도 동일한 방식으로 수치화된다. 그다음 단계에서는 이 두 벡터 간의 유사도를 비교해, 적합도가 높은 후보를 추천 목록으로 도출하게 된다.

소싱 알고리즘(sourcing algorithms)은 디지털 환경에서 구직자 정보를 자동으로 식별하고, 고용 기회를 알리거나 특정 조건을 기반으로 선별하는 데 사용되는 알고리즘 기반 기술이다. 이 알고리즘은 채용 과정의 '공고 이전 단계(pre-application)'에서 작동하며, 단순히 공고를 배포하는 수준을 넘어, "누가 그 공고를 보게 될 것인가"를 결정짓는 기능을 한다. 즉, 채용 퍼넬의 입구를 통제하는 역할을 수행한다는 점에서 매우 강력한 영향력을 가진다.

소싱 알고리즘은 다양한 형태로 구현된다. 대표적으로는 다음과 같은 방식이 있다. 첫째, 구직자의 디지털 발자국(검색 기록, SNS 활동 등)을 기반으로 맞춤형 채용 광고를 노출하는 알고리즘이 있다. 둘째, LinkedIn, 잡보드 등의 온라인 플랫폼을 자동으로 크롤링해 특정 자격 요건을 충족하는 후보자의 프로필을 추출하는 기술이 있다. 셋째, 인공지능을 통해 후보자의 교육, 경력, 기술 등 직무 관련 정보를 정량화하고, 이에 적합한 직무 정보를 자동 매칭하는 구조까지 포함하는 경우다. 이러한 알고리즘의 인기는 매우 빠르게 확산되고 있다.

기업들은 시간 단축, 인재 품질 향상, 다양성 확보 등을 기대하며 이를 활용하고 있으며, 일부 기업은 의식하지 못한 채 온라인 광고 알고리즘에 채용 시스템이 자동 연계되어 있는 경우도 많다(Feffer, 2016; Ali et al., 2019).

소싱 알고리즘의 위험성

최근 채용 과정에서 소싱 알고리즘(sourcing algorithms)의 활용이 급속도로 증가하고 있다. 이 알고리즘은 직무 적합성이 높은 후보자를 자동으로 식별하고, 이들에게 온라인 채용 광고를 노출하거나 추천 목록을 생성함으로써 채용 퍼넬의 '진입 이전' 단계에서 후보자 구성을 사전에 형성하는 역할을 한다(Song et al., 2020). 이 기술은 디지털 발자국, 온라인 프로필, 이력서 데이터를 크롤링하여 특정 자격 요건에 부합하는 인재를 조용히 추출하며, 기업은 자각하지 못한 채 알고리즘 기반 광고 플랫폼을 통해 채용에 영향을 받고 있는 경우도 많다(Feffer, 2016).

그러나 채용의 전면에서 작동하는 알고리즘은 의도하지 않은 차별(disparate impact)과 정보 접근의 불균형을 야기할 수 있다는 점에서 위험을 내포한다. 예를 들어, 플랫폼의 광고 알고리즘이 사용자의 위치, 나이, 성별, 온라인 행동 등을 기반으로 특정 인구 집단에 채용 정보를 과소 제공하거나 배제하는 현상은 실제로 여러 차례 확인된 바 있다(Ali et al., 2019). 이는 단순한 효율성 향상을 넘어, 조직 내 다양성과 공정성을 훼손할 수 있으며, 특히 잠재력 높은 지원자가 채용 기회를 인식조차 하지 못하게 되는 구조적 배제를 유발한다.

이러한 우려는 실제 법적 사례에서도 다뤄지고 있다. 미국에서는 페이스북(Facebook)이 성별을 기반으로 한 고용 광고 타기팅을 허용한 사실이 문제로 지적되어 500만 달러의 합의금을 지급하고 해당 기능을 폐지한 바 있다(American Civil Liberties Union, 2019b). 또한, 알고리즘의 복잡성과 불투명성으로 인해 채용 담당자조차 광고의 실제 노출 대상이 누구였는지 파악하기 어렵고, 잠재적 차별을 사전에 탐지하거나 조정할 수 없는 구조라는 점이 문제다(Ali et al., 2019).

HR 담당자는 소싱 알고리즘이 일으킬 수 있는 '보이지 않는 차별'에 대한 인식과 대응 역량을 갖춰야 한다. 실무적으로 다음과 같은 대응이 요구된다.

첫째, 알고리즘이 작동하는 방식과 기준에 대해 플랫폼으로부터 최대한의 정보를 확보하고, 어떤 기준으로 노출 대상이 결정되는지 검토할 수 있는 체계를 갖춰야 한다. 이는 최소한의 감사 가능성(audibility)을 확보하기 위한 기본 조건이다.

둘째, 외부 알고리즘에만 의존하기보다는 내부적으로 다양성과 공정성 지표를 명확히 설정하고, 알고리즘을 통해 확보된 후보자 풀의 구조를 지속적으로 모니터링해야 한다. 예를 들어, 후보자 풀 내에서 성별, 연령, 지역, 학력 등의 다양성이 지나치게 편향되어 있다면 그 자체로 경고 신호로 해석할 수 있다.

셋째, 소싱 알고리즘을 채택하더라도 공공 플랫폼 게시, 오픈형 채용 등 통적인 방식을 병행해 정보 접근의 불균형을 최소화하는 것이 필요하다. 특히 법적으로 보호받는 집단이 채용 정보에 접근할 기회를 보장받을 수 있도록, '다중 채널 전략'을 적극 활용해야 한다.

HR은 기술 도입이 곧 공정성과 객관성을 보장해 준다는 잘못된 신화를 경계해야 할 필요가 있다. 오히려 알고리즘은 과거의 편향된 데이터를 학습함으로써 차별을 구조화할 위험이 있으며, 기술에 대한 비판적 시각과 윤리적 책임이 함께 요구된다.

소싱 알고리즘은 분명 채용의 속도와 효율을 향상시키는 혁신적인 도구다. 그러나 그것이 조직의 다양성과 포용성을 훼손하는 방식으로 작동하지 않도록, HR은 기술을 무비판적으로 수용하는 것을 넘어, 전략적 감시자이자 조정자로서의 역할을 수행해야 한다.

참고문헌

Alexander III, L. et al.(2025). Sourcing algorithms: Rethinking fairness in hiring in the era of algorithmic recruitment. *International Journal of Selection and Assessment*, 33(1), e12499.

Ali, M. et al.(2019). Discrimination through optimization: How facebook's ad delivery can lead to biased outcomes. *Proceedings of the ACM on Human-Computer Interaction*, 3, pp.1-30. https://doi.org/10.1145/3359301

American Civil Liberties Union(2019b). Facebook EEOC complaints. https://www.aclu.org/cases/facebook-eeoc-complaints

Chen, Z.(2023). Ethics and discrimination in artificial intelligence-enabled recruitment practices. *Humanities and social sciences communications*, 10(1), pp.1-12.

El Ouakili, O.(2025). The impact of artificial intelligence(AI) on

recruitment process. *Open Journal of Business and Management*, 13(2), pp.749–762.
Feffer, M.(2016). Algorithms are changing the recruiter's role. Society for human resource management. https://web.archive.org/web/20230216112907/
PeopleScout(n.d.). AI candidate sourcing: How AI is transforming talent discovery. https://www.peoplescout.com/insights/ai-candidate-sourcing/
Song, Q. C. et al.(2020). Applying principles of big data to the workplace and talent analytics. In Woo, S. E. et al.(Eds.). *Big data in psychological research*, pp.319–344. American Psychological Association. https://doi.org/10.1037/0000193-015

03
AI 기반 스크리닝

이력서 스크리닝은 채용의 정확성과 효율성을 결정짓는 핵심 관문이다. 수백 건의 이력서를 수작업으로 처리하는 기존 방식은 속도, 공정성, 일관성에서 한계를 드러냈으며, 이를 해결하기 위해 자연어 처리 기술과 대규모 언어 모델을 활용한 자동화가 빠르게 확산되고 있다. 이력서 스크리닝 기술의 발전 과정을 정보 구조화, 요약 및 점수화, LLM 적용, 보안 대응 측면에서 살펴본다.

AI와 난임 극복?

스크리닝 자동화의 필요성

기존의 채용 스크리닝 프로세스는 조직과 지원자 모두에게 부담이었다. 평균적으로 하나의 채용 공고에는 수백 건의 이력서가 몰리며, 이를 인사 담당자 한두 명이 수작업으로 검토하는 데는 한계가 있다. 무엇보다 시간당 처리 가능한 이력서의 수는 물리적으로 제한되어 있으며, 피로도에 따라 판단의 일관성이 떨어질 가능성도 높다. 심지어 기업 내부의 채용 기준이 명확하게 정립되어 있지 않은 경우, 평가 기준이 주관적일 수밖에 없고, 이에 따른 편향 또한 피하기 어렵다. 조직은 우수 인재를 놓치거나, 불필요한 인터뷰로 시간을 낭비하는 등 다방면에서 손실을 겪는다.

지원자 입장에서도 스크리닝의 불투명성과 결과에 대한 피드백 부재는 채용 경험을 악화시키는 요인이 된다. 특히 경력직 채용의 경우, 단순히 키워드 중심으로 필터링된 결과에 따라 자동 탈락되거나, 업무와 무관한 요소가 평가에 개입되는 경우도 존재한다. 이러한 문제들은 조직의 채용 브랜딩에도 악영향을 줄 수 있으며, 실제로 지원자들은 '왜 떨어졌는지 모른 채' 반복적으로 탈락하면서 기업에 대한 인식을 악화시키는 경우가 많다.

국내에서도 기존의 수작업 중심 스크리닝 방식은 기업

에게 많은 부담을 안겨 주고 있었다. 삼성과 롯데 등 주요 대기업은 매년 수십만 건의 입사 지원서를 수작업으로 분류하는 데 따른 인적 · 시간적 자원 낭비 문제를 겪고 있었으며, 이는 기업이 AI 기반 선별 시스템을 도입하게 된 주요 계기가 되었다. 일본의 삿포로맥주는 서류 평가에만 3개월이 소요되었고, 이로 인해 우수 인재를 놓치는 사례도 빈번하게 발생했다(손승원 · 오주연, 2023).

이처럼 기존 스크리닝의 문제는 ① 처리 속도의 한계, ② 주관적 오류 가능성, ③ 공정성 부족, ④ 피드백 부재라는 네 가지 측면에서 복합적으로 작용한다. 따라서 AI 기반 스크리닝의 도입은 단순한 자동화의 의미를 넘어서, 이러한 구조적 병목과 불균형을 해소할 수 있는 대안으로서 주목받는다.

채용의 스크리닝 단계는 지원자 이력서를 기반으로 적합성을 판단하는 첫 번째 게이트다. 기존의 수작업 중심 스크리닝은 시간과 자원의 낭비를 초래할 뿐만 아니라, 주관적 판단에 의한 오류 가능성도 높다. 이에 따라 많은 조직이 자동화된 이력서 스크리닝 시스템을 도입하고 있다.

소프트뱅크는 AI가 지원자의 서류를 자동 평가하고, 면접 일정까지 자동으로 조율하는 채용 자동화 시스템을 도입했다. 그 결과 인사 담당자의 행정적 업무가 대폭 줄어들고, 채용 의사결정은 보다 전략적인 영역에 집중할 수 있게 되었다. 유니레버는 하이어뷰 기반 AI 인터뷰 시스템을 도입한 뒤, 채용 처리 시간을 75% 단축하고, 채용당 평균 비용을 1/3 수준으로 절감하는 성과를 냈다. 삼성은 자사 채용에 텍스트 마이닝을 도입해, 지원서에 기재된 정성적 표현을 정량화하고, 이를 기반으로 후보자의 성과 가능성을 예측하는 모델을 개발하고 있다(손승원 · 오주연, 2023).

이력서 스크리닝 기술의 발달 과정

이력서 스크리닝은 채용 프로세스 초기에 수행되는 핵심 절차이며, 특히 대기업일수록 수천 건에 달하는 지원서를 처리해야 하는 고비용 · 고노동 영역이다. 이러한 상황에서 지원자 데이터를 빠르고 정확하게 평가하기 위한 자동화 기술의 필요성이 대두되었고, 그 해답으로 자연어 처리 기술이 채택되기 시작했다.

초기 자동화 프레임워크는 주로 두 가지 과정을 중심으로 구성되었다. 첫 번째는 정보 추출(Information Extraction) 단계로, 비정형 또는 반정형 형태로 제출되는 이력서 텍스트를 구조화된 데이터로 변환하는 것이다. 이는 문장을 분류하는 텍스트 분류(Text Classification) 작업으로, 이력서의 각 문장을 '개인 정보', '학력', '경력' 등 카테고리로 자동 태깅해 데이터베이스에 저장하고, 분석 가능한 형태로 만드는 과정을 포함한다(Bayer et al., 2022; Minaee et al., 2021).

두 번째 단계는 평가 및 요약(Evaluation and Summarization) 과정으로, 추출된 정보를 기반으로 이력서를 요약하고, 점수를 매겨 우선순위를 부여하는 시스템이다. 초기에는 이 부분이 수작업으로 진행되었으나, 최근에는 자연어 생성(NLG, Natural Language Generation) 기술을 활용해 자동화가 가능해졌고, 평가 시간과 인사 담당자의 업무 부담을 대폭 줄이는 데 기여하고 있다(Singh et al., 2010).

이러한 스크리닝 자동화를 가능하게 만든 핵심 기술은 언어 모델이며, 최근에는 트랜스포머(Transformer) 기반 대규모 언어 모델(LLMs)이 주도적인 역할을 하고 있다. 트랜스포머 구조는 문맥을 이해하고 적절한 출력을 생성하는 'Attention' 메커니즘을 기반으로 하며, 대표적인 모델로는 BERT, GPT 시리즈가 있다.

이러한 모델들은 방대한 규모의 텍스트 코퍼스(Corpus)를 비지도 학습(pre-training)하고, 이후 특정 과제에 맞춰 소규모 데이터세트로 파인 튜닝(fine-tuning)해 이력서 요약, 점수화, 문장 분류 등의 작업을 고도화할 수 있다(Ding et al., 2023). 특히 GPT-3의 등장 이후, 모델의 성능은 규모의 확장과 함께 비약적으로 향상되었고, 챗지피티의 출시를 통해 인간과 유사한 언어 이해 및 생성 능력을 보여 주었다.

하지만 이와 같은 고성능 모델의 대부분은 클로즈드 소스(closed-source)로 개발되어, 사용자가 이력서를 업로드해야만 작동한다는 점에서 개인정보 보안 이슈가 제기되었다. 이력서는 민감한 개인 데이터를 포함하므로, 외부 서버로 전송되는 것만으로도 보안 위협이 될 수 있다. 이에 대한 대안으로는 LLaMA 같은 오픈 소스 LLM이 주목받고 있다. 이들은 로컬 환경에서 작동 가능하다는 점에서 보안성이 높고, 특히 민감 정보가 포함된 채용 시스템에서는 유리한 선택지로 간주된다.

결론적으로, 이력서 스크리닝 기술은 텍스트 분류 기반의 문장 구조화(Information Extraction), 자동 요약 및 평가 기능의 도입(Summarization & Scoring), Transformer 기반 LLM의 활용으로 품질 및 효율성 향상, 보안 우려에 대응한 로컬 실행 가능한 오픈 소스 LLM의 확산의 단계로 발달해 왔다.

텍스트 분류 기반의 문장 구조화

이력서는 일반적으로 자유 형식의 비정형(unstructured) 또는 반정형(semi-structured) 텍스트로 작성되며, 구성 방식이나 표현 방식이 개인마다 다양하다. 따라서 AI가 이를 자동 처리하기 위해서는 먼저 이 텍스트를 구조화된 데이터로 변환하는 전처리 작업이 필요하다.

이 과정의 핵심은 문장 분류(sentence classification) 기술이다. NLP 모델은 이력서를 문장 단위로 분할한 후, 각 문장을 다음과 같은 범주로 자동 태깅한다.

〈personal information〉: 이름, 연락처, 주소 등

〈education〉: 학력, 전공, 졸업 연도 등

〈experience〉: 직무 이력, 직무 설명, 프로젝트

〈skills〉: 사용 기술, 자격증, 언어 능력 등

이러한 태깅은 규칙 기반 방식(rule-based approach)에서 시작해, 현재는 딥 러닝 기반 BERT, RoBERTa 등 사전 학습된 분류 모델(pre-trained classifiers)로 고도화되었다(Bayer et al., 2022; Minaee et al., 2021). 이 단계에서 성능이 높을수록 이후 평가의 정확도도 높아진다.

이는 이력서를 단순히 "읽는" 것이 아닌, 기계가 "이해하는" 기반을 마련하는 작업이다.

자동 요약 및 평가 기능의 도입

다음 단계는 구조화된 데이터를 바탕으로 이력서 정보를 간결하게 요약(summarization)하고, 정량적 점수(score)로 환산하는 작업이다. 이는 기존의 수작업 스크리닝에서 인사 담당자가 판단하던 내용을 자동화하는 부분이다.

요약 기능은 주로 텍스트 생성 모델(text generation models)을 활용하며, 다음과 같은 문장으로 출력된다.

"이 후보자는 5년 이상의 백엔드 개발 경력을 보유했으며, Java와 Spring Framework에 숙련되어 있습니다."

한편, 점수화는 AI가 특정 직무 또는 역량 기준에 따라 지원자의 적합도를 수치로 표현하는 것이다. 예를 들어, 업무 연관성, 경력 연차, 기술 키워드 일치율 등을 기준으로 0~100점의 점수를 매긴다. 이러한 점수는 지원자 간 비교 및 우선 검토 대상을 가려내는 데 사용된다. 이 기능은 사람의 직관적 판단을 보완하는 '보조 의사결정 장치'로서 역할 한다.

Gan 등(2024)은 연구에서 HR 전문가 역할을 하는 에

이전트 프롬프트를 부여해 요약과 평가를 수행한 사례를 제시하며, 이 접근이 실제 스크리닝 처리 속도를 11배 향상시켰다고 보고했다.

트랜스포머 기반 LLM의 활용

최근에는 이력서 분류와 평가 작업 전반을 대규모 언어 모델 기반으로 처리하는 시도가 활발하다. 특히 트랜스포머 구조를 기반으로 하는 GPT, T5, BERT 계열 모델은 다음과 같은 강점을 가진다.

첫째, 동일 단어라도 문맥에 따라 의미가 달라지는 경우를 정확히 판별하는 문맥 이해 능력을 갖는다.

둘째, 이력서에 명시되지 않은 정보도 간접적으로 유추 가능한 추론 능력을 갖는다. 예를 들어 프로젝트 명을 통해 후보자가 보유한 기술 스택(Tech stack)을 추정할 수 있다.

셋째, 범용성을 기반으로 분류, 요약, 질의응답 등 다양한 NLP 과제를 처리할 수 있다.

GPT-3.5, GPT-4 등의 모델은 수천억 개의 매개변수를 통해 인간과 유사한 텍스트 이해 및 생성 능력을 보여주며, 이력서 분석에서는 정확성, 일관성, 속도 면에서 기존 AI 기술을 압도하는 성과를 내고 있다. 이 모델들은 일반적으로 사전 학습(pre-training) 후, 채용 관련 태스크에 맞춰 파인 튜닝 혹은 프롬프트 엔지니어링(prompt engineering) 기법을 통해 적용된다.

Gan 등(2024)은 연구를 통해, GPT-3.5와 LLaMA2 모델을 기반으로 한 이력서 자동 분류·요약·평가 시스템을 제안했다. 이 프레임워크는 이력서를 문장 단위로 분리하고, 각 문장을 자동 분류하며, 개인정보 제거 후 요약과 점수 평가를 수행한다. 자동화된 스크리닝 시스템은 단순히 분류된 정보를 제공하는 것에 그치지 않고, HR 전문가 또는 CEO 역할을 부여한 에이전트가 이력서를 요약하고 점수를 부여하는 방식으로 더 나은 의사결정을 지원하도록 설계했다(Gan et al., 2024).

로컬 실행 가능한 오픈 소스 LLM의 확산

GPT 계열처럼 강력한 모델은 대부분 클로즈드 소스로 제공되며, 사용자가 입력한 이력서 데이터가 외부 서버에 저장되거나 학습에 재사용될 수 있다는 보안 이슈가 지속적으로 제기되고 있다.

이에 따라 LLaMA1/2, Mistral, Bloom, KoAlpaca 같은 오픈 소스 LLM이 기업 환경에서 주목받고 있다. 이러한 모델은 클라우드 업로드 없이 사내 서버 또는 PC에서 작동이 가능하고, 기업이 보유한 데이터세트로 자체 학습하거나 파인 튜닝이 가능하다. 또한, 이력서, 인사 정보, 개인 식별 정보 등을 외부에 노출하지 않으므로 민감 정보 유출 가능성을 차단한다.

기업 입장에서는 성능이 다소 낮더라도, 보안성과 통제 가능성이라는 장점 때문에 민감한 채용 데이터를 다루는 조직일수록 오픈 소스 모델을 선호하는 경향이 있다. Gan 등(2024)의 연구에서는 챗지피티 기반 LLM이 아닌 오픈 소스 LLaMA2 모델을 로컬에서 구동해 개인정보 유출 우려를 최소화하고, 기업 내부 시스템에 통합 가능하도록 설계했다. 이는 AI 스크리닝 기술이 단순히 처리 속도나 효율성만이 아니라, 개인정보 보호 및 현장 적합성까지 고려해야 함을 보여 주는 사례다.

참고문헌

손승원 · 오주연(2023). AI 채용시스템 도입성과: 국내외 사례연구. ≪한국진로창업경영학회지≫, 7(2), 137-155쪽.

Bayer, M. et al.(2022). A survey on data augmentation for text classification. *ACM Computing Surveys*, 55(7), pp.1-39.

Ding, N. et al.(2023). Parameter-efficient fine-tuning of large-scale pre-trained language models. *Nature Machine Intelligence*, 5(3), pp.220-235.

Gan, C. et al.(2024). Application of LLM agents in recruitment: A novel framework for resume screening. *arXiv*, arXiv:2401.08315.

Minaee, S. et al.(2021). Deep learning-based text classification: A comprehensive review. *ACM computing surveys(CSUR)*, 54(3), pp.1-40.

Singh, A. et al.(2010). PROSPECT: A system for screening candidates for recruitment. In *Proceedings of the 19th ACM international conference on Information and knowledge management*, pp.659-668.

04
면접과 의사결정

면접은 채용의 마지막 관문이자 조직과 후보자가 가장 직접적으로 마주하는 순간이지만, 여전히 낮은 타당도와 구조화의 어려움 등 고질적인 한계를 안고 있다. 음성 · 표정 분석, 자연어 처리 등 AI 기반 면접 기술의 구조와 기능을 살펴보고, 비동기 및 메타버스 면접 사례를 통해 새로운 면접 환경의 가능성과 한계를 조명한다.

AI와 사주?

왜 면접은 자주 실패하는가

채용 면접은 조직이 후보자의 역량과 조직 적합성을 판단하는 핵심 절차지만, 심리학 및 조직행동 분야에서는 오랫동안 면접의 타당도(validity)가 낮다는 점이 비판의 대상이 되어 왔다. 실제로 많은 연구들은 비구조화 면접(unstructured interview)의 경우, 직무 성과를 예측하는 상관계수가 평균 0.20~0.30 수준에 머물며, 이는 심리검사나 과제 기반 평가 방식에 비해 예측력이 낮다는 점을 보여 준다(Gilliland, 1993). 이는 면접관의 주관성과 평가 기준의 일관성 부족에 기인하며, 조직 내 평가 신뢰성을 저해하는 원인이 된다.

이와 달리 구조화 면접(structured interview)은 질문 항목이 직무 분석을 기반으로 표준화되어 있으며, 평가 기준도 사전에 정의되어 있어 비교적 높은 타당도와 신뢰도를 확보할 수 있다. Campion 등(1997)에 따르면, 구조화 면접은 직무 예측 타당도(validity coefficient)가 0.62에 이를 수 있으며, 이는 대부분의 선발 도구 중에서도 높은 수준에 해당한다. 그러나 현실적으로 구조화 면접을 전면적으로 도입하는 것은 상당한 실무적 어려움을 동반한다.

첫째, 구조화 면접은 면접관의 질문, 평가, 피드백 방식이 모두 통제되어야 하기 때문에 면접관 훈련과 문항 개발에 많은 시간과 자원이 소요된다. 둘째, 질문의 일관성을 유지해야 하므로 면접 상황에서 발생할 수 있는 유연한 커뮤니케이션이나 개별 지원자에 대한 맞춤형 대응이 어렵다. 이로 인해 면접이 '기계적'이라는 인상을 줄 수 있으며, 응답자의 개성을 충분히 드러내기 어려워질 수 있다.

셋째, 다면 평가자(multirater) 시스템을 운영하기 위한 일정과 인력의 제약도 현실적인 도입 장벽이 된다. 특히 채용 건수가 많고 기간이 촉박한 기업의 경우, 구조화 면접을 전면적으로 운영하기에는 리소스가 부족하다. 이로 인해 조직들은 여전히 비구조화 면접에 의존하거나, 구조화된 질문 리스트만 제한적으로 사용하는 하이브리드 형태에 머무는 경우가 많다.

결과적으로 전통 면접은 ① 타당도의 구조적 한계, ② 평가 일관성 부족, ③ 면접관 피로와 주관성 개입, ④ 공정성과 수용도 저하 등의 문제가 복합적으로 작용하며, 면접 결과의 신뢰성을 저해한다. 특히 대규모 채용에서는 이런 문제들이 조직의 평판과 직결될 수 있는 리스크로 전환되며, 이를 해결하기 위한 대안으로 AI 기반의 면접 자동화 및 보조 시스템이 점차 주목받고 있다.

AI 면접의 주요 기술

AI 면접 기술은 이제 단순한 자동화 면접을 넘어, 멀티모달 데이터를 종합적으로 분석하는 고도화된 평가 시스템으로 진화하고 있다. 특히 최근의 기술은 응답자의 언어적 표현뿐만 아니라, 음성의 높낮이, 얼굴 표정, 시선 처리, 정서 변화 같은 다양한 비언어적 요소까지 통합적으로 분석하며, 이를 통해 보다 정교한 인재 평가가 가능해지고 있다(지현욱 등, 2024).

가장 먼저 핵심 기술 중 하나로 자리 잡은 것은 음성 인식(Speech-to-Text, STT) 기술이다. 이는 면접자가 응답한 음성 데이터를 실시간으로 텍스트로 변환하는 역할을 하며, Google Speech API, Microsoft Azure Speech Services 같은 상용 솔루션은 이미 95% 이상의 정확도를 달성하고 있다. 이 기술은 단지 언어를 문자로 바꾸는 것 이상의 의미를 갖는다. 인식된 텍스트는 이후 자연어 처리 기반의 평가 시스템으로 전달되어 구조적 분석과 점수화의 기초가 되며, 면접 응답 내용의 정합성과 논리성을 판단하는 데 중요한 자료가 된다.

음성 기반 감정 분석 기술도 AI 면접 시스템의 핵심 기능 중 하나다. 이 기술은 음정, 말의 속도, 정지 간격, 억양 같은 음성 신호를 정량적으로 분석해, 지원자의 정서 상태를 파악한다. 예를 들어 일정한 속도 없이 지나치게 빠르거나 느린 말하기, 반복적인 "음…" 또는 "어…" 같은 충족되지 않은 어휘는 긴장이나 불안, 혹은 낮은 확신의 표현으로 해석될 수 있다. 이러한 특성은 AI가 지원자의 스트레스 내성, 정서적 안정성, 몰입 수준 등을 평가하는 데 중요한 판단 요소가 된다.

얼굴 인식과 시선 추적 기술은 비언어적 행동 분석의 중요한 축을 담당한다. 대표적인 AI 면접 솔루션인 하이어뷰는 응답자의 표정 변화, 눈동자 움직임, 얼굴 각도, 머리 위치 등을 추적해 커뮤니케이션 능력, 집중력, 비언어적 자신감 등을 측정한다. 예컨대, 응답 중 시선이 반복적으로 카메라를 이탈하거나, 표정이 과도하게 경직되어 있으면, 해당 후보자가 면접 환경에 적응하지 못하고 있다고 판단할 수 있다. 이 같은 분석은 단순히 직무 역량을 넘어, 조직 문화와의 적합성, 대인 관계 기술 등을 예측하는 데도 유용하게 활용된다.

자연어 처리 기술은 AI 면접 기술의 중심에서 응답자의 발화 내용을 정량화·구조화하는 역할을 수행한다. 초기에는 단어 빈도나 키워드 기반의 정적 분석이 주류였지만, 현재는 LLM기반의 동적 평가가 확산되고 있다.

자연어 처리의 활용은 Canagasuriam과 Lukacik(2024)

의 연구에서도 확인된다. 해당 연구에서는 챗지피티가 비동기 면접에서 생성형 AI로서 어떻게 응답을 구성하는지, 그리고 인간 채용 담당자보다 더 설득력 있게 답변을 구성할 수 있는지를 탐색했다. 이 연구는 동시에, 생성형 AI가 생산하는 응답이 과도하게 '완벽'하게 들릴 경우 오히려 비현실적이라는 인상을 줄 수 있으며, 평가자의 판단이 왜곡될 가능성도 제기했다. 이는 LLM이 제공하는 높은 언어 품질이 반드시 진정한 적합성과 연결되지는 않는다는 점을 시사한다.

이처럼 AI 면접 시스템은 다양한 기술적 구성 요소를 통합적으로 결합해 보다 정밀하고 객관적인 평가를 가능하게 한다. 음성 인식에서 시작해, 감정 및 행동 분석, 자연어 처리에 이르기까지 이어지는 이 기술적 체인은 응답자의 표면적 표현을 넘어서 내면의 역량과 정서 상태까지 탐색하는 도구로 작동한다. 특히 LLM의 도입은 그동안 한계로 여겨졌던 주관적 서술 응답에 대한 일관된 평가 기준을 제공함으로써, 면접의 구조화 수준을 한층 끌어올리는 데 기여하고 있다.

비동기 면접과 메타버스 면접

인공지능의 도입은 전통적인 채용 면접 방식을 근본적

으로 변화시키고 있다. 그중에서도 특히 주목할 만한 변화는 비동기 면접(Asynchronous Video Interview, AVI)과 메타버스 기반 가상 면접의 확산이다. 이들 방식은 물리적 제약을 넘어서는 채용 유연성을 제공하면서도, 동시에 평가의 표준화와 자동화를 가능케 하는 강점을 가진다. 그러나 이러한 기술 기반 면접 방식은 동시에 정서적 상호작용의 결핍, 절차적 공정성(perceived procedural justice) 문제 등 새로운 과제를 수반한다.

팬데믹 이후 비동기 면접은 급격히 보편화되었으며, Suen과 Hung(2024)에 따르면 2023년 기준으로 86%에 달하는 기업이 AI 기반 AVI를 채용 초기 단계에 활용하고 있다. AVI는 지원자가 사전 녹화된 질문에 대해 원하는 시간에 답변 영상을 제출하고, 이후 AI나 인사 담당자가 이를 평가하는 구조로 설계되어 있다.

비동기 면접의 핵심적 장점은 시간적·공간적 유연성, 자동화된 응답 평가, 그리고 대규모 지원자 처리의 효율성이다. Canagasuriam과 Lukacik(2024)는 이를 '지원자의 시간 선택권이 보장되는 고효율 면접 방식'으로 정의한다. 특히 글로벌 기업에서는 국경을 초월한 면접 실행이 가능하며, 실제로 유니레버나 LG, 소프트뱅크 같은 대기업은 하이어뷰 등의 솔루션을 통해 채용 속도를

30~75%까지 단축했다.

윤채원 등(2024)은 연구를 통해 생성형 AI와 음성 인식 기술을 결합해 메타버스 기반 면접 플랫폼을 설계한 사례를 제시한다. 이 시스템은 아바타 기반의 3D 면접 환경에서 음성을 음성 인식 기술로 변환하고, LLM을 활용해 응답 내용을 요약 및 평가하는 과정을 포함한다. 이와 함께 감정 분석(음성 억양, 말 속도 등), 시선 추적, 표정 인식 등이 연계되며, 면접자의 몰입도 및 진정성을 다차원적으로 분석한다.

해당 플랫폼은 면접자의 시선이 아바타의 눈을 벗어날 경우, 집중도 저하로 판단하고 별도의 경고 메시지를 출력하거나 채점에 반영하는 등 멀티모달 평가 시스템을 구현한다. 이는 단순한 화상 면접의 한계를 넘어서, 몰입 기반 평가를 실시간으로 수행할 수 있는 새로운 가능성을 시사한다.

Suen과 Hung(2024)의 실험은 다양한 AI 인터페이스의 특성이 지원자의 인상 관리(impression management) 행동에 어떤 영향을 미치는지를 분석했다. 아바타가 등장하는 '형상이 있는 인터페이스(tangible interface)'는 지원자에게 사람이 평가하고 있다는 인상을 주며, 실제로 정직한 응답을 유도하고 속임수를 줄이는 효과를 보였다. 반면, 인터페이스가 없거나 설명이 불충분한 경우, 지원자는 시스템을 '블랙박스'처럼 인식하고, 판단 기준이 불명확하다는 불안으로 인해 응답의 진실성이 저하될 수 있다.

또한 어떤 기준으로 평가하는지 사전 공지하는 등 인터페이스가 지나치게 투명한 경우, 오히려 지원자들이 알고리즘의 기준을 '조작'하려는 시도가 증가해 속임수 사용 빈도가 증가하고, 정직한 인상 관리는 줄어드는 경향도 관찰되었다. 이는 "과도한 투명성은 평가 타당성을 해칠 수 있다"는 시사점을 제시했다.

비동기 면접 및 메타버스 면접은 효율성을 높이지만, 지원자 입장에서 사회적 존재감(social presence)이 낮아지고, 상호작용 부족으로 인해 불안이나 불신을 유발할 수 있다. Suen과 Hung(2024)은 아바타와 채팅봇(chatbot), 평가 기준의 간단한 사전 고지 등 인터페이스 디자인을 통해 정서적 거리감을 줄이고, 진정성 있는 응답을 유도할 수 있다고 강조한다.

AI 면접의 평가와 면접관의 역할

AI 면접은 이제 채용 프로세스에서 단순한 기술적 보조 수단을 넘어서, 실제 평가에 영향을 미치는 핵심 도구로 자리 잡고 있다. 음성 분석, 얼굴 인식, 자연어 처리 기술이 결합된 멀티모달 AI는 지원자의 언어적 · 비언어적 반응을 정량화해, 응답 유창성, 감정 안정성, 내용 논리성 등 다양한 항목별 점수를 생성한다. 이 점수는 일견 객관적으로 보이며, 평가자 간의 편차를 줄이고 채용 과정의 일관성을 확보하는 데 기여한다. 그러나 이처럼 자동화된 분석 결과가 곧바로 '합격/불합격'이라는 결론으로 이어지는 것은 바람직하지 않다.

그 이유는 명확하다. AI가 제공하는 점수는 통계적으로 설계된 분석 결과일 뿐이며, 평가의 '맥락'을 파악하거나, '조직 문화 적합성'이나 '팀워크 가능성'같은 정성적 요소를 온전히 반영하기 어렵기 때문이다. 예컨대, 지원자의 응답이 문법적으로 완벽하고 논리적으로 짜임새 있어 AI 점수는 높게 산출되었더라도, 면접관이 느끼기에는 피상적이고 몰입도가 낮은 응답일 수 있다. 이는 Canagasuriam과 Lukacik(2024)의 연구에서 나타났듯, 챗지피티의 완성도 높은 면접 답변이 오히려 '기계적'이라는 평가를 받으며 진정성과 몰입도 측면에서 낮은 점수를 받았다는 결과와 맥락을 같이 한다.

AI 면접 평가의 이상적인 구조는 AI 분석 결과를 보조수단으로 삼고, 면접관이 최종 의사결정 권한을 유지하는 하이브리드 평가 체계에 있다. 이 체계를 보다 정량적이고 일관되게 운영하기 위해 최근 채택되고 있는 것이 바로 다기준 의사결정 기법(Multi-Criteria Decision Making, MCDM)이다. 이 방법은 여러 평가 항목 간의 관계를 수학적으로 조정하고, 면접관의 판단 기준을 체계화함으로써, AI의 정량 분석과 인간의 정성 판단을 융합하는 기술적 틀을 제공한다.

CRITIC(Criteria Importance Through Intercriteria Correlation) 기법은 평가 항목 간의 상관관계와 각 항목의 분산 정도를 기반으로 가중치를 자동 산출한다. 예를 들어 '논리성'과 '응답 유창성'이 매우 높은 상관을 가진다면, 두 항목 모두에 높은 가중치를 줄 경우 평가가 중복될 수 있다. CRITIC은 이를 자동 조정해 중복 가능성이 큰 항목에는 낮은 가중치를, 독립적인 정보량을 가진 항목에는 높은 가중치를 부여한다. 이렇게 설정된 가중치는 평가 항목의 구조화에 기여하고, 결과적으로 특정 항목에 점수가 몰리는 편중 문제를 방지한다.

WASPAS(Weighted Aggregated Sum Product Assessment) 기법은 점수 산출 방식에서 덧셈 방식(SAW)과 곱셈 방식(MP)을 결합한 통합 평가 모델이다. 이 방식은 예를 들어 AI가 평가한 응답 점수(논리성 88

점, 전달력 75점, 정서 안정성 92점)를 정규화하고, CRITIC 또는 면접관이 설정한 가중치를 반영한 뒤, 덧셈-곱셈을 복합적으로 사용해 최종 종합 점수를 산출한다. 이 접근은 면접관이 직관적으로 중요하다고 판단한 항목에 더 많은 가중치를 줄 수 있게 하며, AI가 제공하는 점수의 수리적 일관성과도 결합할 수 있다.

이러한 기법은 단순한 수학적 계산 이상의 의미를 갖는다. 점수의 구조화, 항목 간 균형, 최종 판단의 정당성 확보 등 다양한 측면에서 면접 결과의 신뢰도와 수용성을 높이는 데 크게 기여한다. 실제로 안혜진 등(2024)은 스타트업 조직을 대상으로 한 사례 연구에서, 이러한 구조화된 판단 방식이 채용 실패 확률을 낮추고, 조직 구성원들의 채용 결과에 대한 수용도를 높이는 데 긍정적 영향을 미친다고 밝혔다.

참고문헌

안혜진 외(2024). AI 를 통한 스타트업 채용의 레몬마켓 리스크 감소전략 모색. ≪벤처창업연구≫, 19(6), 1-22쪽.

윤채원 외(2024). 생성형 AI 와 음성 인식을 활용한 메타버스 가상 면접 플랫폼. ≪한국정보기술학회논문지≫, 22(6), 163-173쪽.

지현욱 외(2024). AI 면접 대상자에 대한 다면적 평가방법론-얼굴인식, 음성분석, 자연어 처리 영역의 융합.

≪한국컴퓨터정보학회 학술발표논문집≫, 32(1), 55-58쪽.

Campion, M. A. et al.(1997). A review of structure in the selection interview. *Personnel psychology*, 50(3), pp.655-702.

Canagasuriam, D. & Lukacik, E. R.(2025). ChatGPT, can you take my job interview? Examining artificial intelligence cheating in the asynchronous video interview. *International journal of selection and assessment*, 33(1), e12491.

Gilliland, S. W.(1993). The perceived fairness of selection systems: An organizational justice perspective. *Academy of management review*, 18(4), pp.694-734.

Suen, H. Y. & Hung, K. E.(2024). Revealing the influence of AI and its interfaces on job candidates' honest and deceptive impression management in asynchronous video interviews. *Technological Forecasting and Social Change*, 198, 123011.

05
커뮤니케이션과 후보자 경험

채용은 정보의 전달이자 관계의 시작이다. 채용 공고, 안내, 면접, 피드백 등 일련의 채용 커뮤니케이션이 전면적으로 디지털화되면서 그 방식과 질이 후보자의 감정 반응과 조직 인식에 미치는 영향이 더욱 커지고 있다. 단순한 절차적 안내를 넘어서, 지원자가 '이해되었다'고 느끼는 설계, '존중받았다'고 인식하는 응대, '공정했다'고 판단하는 평가 구조는 모두 커뮤니케이션의 산물이며, 이는 곧 채용 후보자 만족도의 본질을 구성한다.

AI와 아이돌?

채용 경험과 만족도

채용 경험(candidate experience)은 구직자가 채용 과정 전반에서 조직과 상호작용하며 겪는 인지적, 정서적, 행동적 반응의 총체를 의미한다. 이는 단순히 지원자가 입사 지원서를 제출하고 면접을 본 뒤 결과를 통보받는 절차상의 흐름을 넘어, 그 과정에서 느끼는 감정, 조직에 대한 인식 변화, 정보 전달의 질, 커뮤니케이션 방식 등 심리적 · 정서적 경험 전반을 포함하는 개념이다. 최근 채용의 디지털화가 빠르게 진행되며 이 경험의 질이 더욱 중요해지고 있다.

채용 경험은 후보자가 조직과 맺는 최초의 정서적 관계를 형성하는 지점이며, 이는 채용 이후에도 고용 브랜드(employer brand), 재지원 의사, 추천 가능성, 그리고 향후 소비자 행동에까지 영향을 미친다. 실제로 Glassdoor의 글로벌 리서치에 따르면, 구직자의 약 72%가 "채용 과정에서의 경험이 향후 기업 제품에 대한 구매 의사, 지인 추천, 재지원 여부에 영향을 미친다"고 응답했다. 즉, 채용은 인사 시스템의 기능적 프로세스인 동시에 기업의 외부 커뮤니케이션 전략이기도 하다.

채용 과정은 기업이 외부 인재에게 주는 첫인상이다. 지원자가 공정하고 전문적인 평가를 받았다고 느끼는 경우, 결과와 무관하게 긍정적인 기업 인식을 형성한다. 반대로, 불친절한 응대, 불투명한 기준, 무응답 등은 지원자에게 '불성실한 기업'이라는 인상을 남기며, 기업의 평판을 훼손할 수 있다.

긍정적인 채용 경험은 입사 후 몰입도와 이직률에도 영향을 미친다. 채용 과정에서 존중받았다고 느낀 직원은 조직에 대해 더 높은 소속감을 갖게 되며, 입사 초기 이탈 가능성도 낮아진다. 이는 선발 → 온보딩(onboarding) → 조직 몰입으로 이어지는 HR의 구성원 여정 주기와 직결되는 효과다.

채용 경험은 단기적인 합격 여부를 넘어서 장기적으로 '지원자 행동'을 결정한다. 만족스러운 경험을 한 지원자는 이후 다른 포지션에 재지원할 가능성이 높고, 지인에게 해당 기업을 추천할 확률도 높다. 반대로 부정적 경험은 지원 포기, 부정적 후기 작성, 불매 행동까지 이어질 수 있다.

채용 경험의 핵심 구성 요소는 먼저, 정보 제공의 명확성(Transparency)이다. 채용 공고의 직무 설명, 평가 항목, 프로세스 일정이 불명확하면 지원자의 불안과 혼란을 유발한다. 명확하고 구체적인 정보는 기대 조절(expectation management)을 가능하게 하며, 응답률과 지원자 만족도를 높인다.

둘째, 절차의 공정성(Procedural Justice)이 필요하다. 면접 질문이 일관되고, 모든 후보자가 동일한 기준에 따라 평가되며, 피드백이 제공되는 절차적 공정성은 채용 제안 수용 가능성에 큰 영향을 미친다(Gilliland, 1993). 이는 특히 AI 기반 채용에서 더욱 중요한 요소로 부상하고 있다.

셋째, 정서적 커뮤니케이션(Affective Communication)이 필요하다. 지원자가 존중받고 있다고 느끼는 순간은 조직에 대한 감정적 신뢰 형성의 출발점이다. 면접관의 태도, 이메일 톤, 피드백 언어의 친절성 등은 작지만 결정적인 차이를 만든다. 탈락자에게도 최소한의 응대와 감사 표현이 필요하다.

넷째, 피드백(Feedback)을 제공해야 한다. 채용 결과 통보 유무와 그 방식은 경험의 핵심 지표다. 아무런 피드백 없이 결과를 통보하지 않거나 지연시키는 것은 채용 경험을 악화시키는 대표 요인이다. 정량적 혹은 정성적 피드백이 제공될 경우, 지원자는 탈락의 결과도 학습 기회로 인식할 수 있다.

다섯째, 기술적 사용자 경험(UX)이 부상하고 있다. 특히 디지털 채용 시스템에서는 채용 플랫폼의 접근성,

UI/UX, 기술 오류 여부 등이 전체 경험의 품질에 직접적인 영향을 미친다. 사이트가 복잡하거나 오류가 많다면 지원자는 그 자체로 조직의 전문성을 의심하게 된다.

채용 경험은 단순한 HR 기능이 아니라 조직의 외부 평판, 고용 브랜딩, 소비자 신뢰, 그리고 장기적 인재 확보 전략과 직결되는 전략적 자산이다. 기술 기반 채용이 보편화된 현재, '얼마나 효율적으로 평가했는가'보다 '얼마나 인간적으로 응대했는가'가 경쟁력을 결정하는 기준이 되고 있다. 따라서 모든 조직은 채용 경험을 설계 가능한 요소로 보고, 이를 정량화 · 정성화해 적극적으로 개선할 필요가 있다. 이와 같은 노력은 단기적으로는 채용 효율을 높이고, 장기적으로는 기업의 인재 자산과 브랜드 가치를 함께 강화하는 가장 강력한 투자이자 메시지가 될 것이다.

면접은 이 중에서도 가장 강력한 감정적 인터페이스로 작동한다. 김형식과 황규대(2002)의 실증 연구는 면접관의 태도, 질문 구조, 피드백 제공 여부가 후보자의 조직 인식 및 채용 제안 수용 가능성에 유의미한 영향을 미친다는 점을 보여 주었다. 특히 면접관이 응답을 경청하고 피드백을 제공했을 때, 조직에 대한 신뢰도와 인상 점수가 평균보다 23% 높게 나타났다. 이 결과는 면접이 단순한 정보 교환의 장이 아니라, 조직과 후보자 간 '관계의 질'을 형성하는 심리적 장(場)임을 의미한다.

AI 평가의 심리적 거리감

AI 기반 채용 시스템은 빠르고 일관된 평가를 가능케 한다는 점에서 많은 기업에게 매력적인 대안이 되었다. 하지만 기술이 평가의 전면에 등장하면서, 기존 면접에서 형성되던 비언어적 피드백, 상호작용, 정서적 교감 등 '인간적인 면접 경험'이 결여되기 시작했다. 기술의 개입이 강화될수록 지원자와 조직 사이에는 새로운 형태의 심리적 거리(psychological distance)가 발생한다. 이는 기존 인간 면접에서 제공되던 정서적 피드백, 실시간 상호작용, 맥락 중심 평가가 결여되면서 발생하는 '비인간화된 경험'의 문제로 요약될 수 있다.

이혜민과 사영준(2023)의 연구는 블라인드 플랫폼에 게시된 수백 건의 AI 면접 경험 글을 분석한 결과, 지원자들이 AI 기반 평가에서 '불신', '자괴감', '무력감' 같은 복합적 감정을 경험한다는 점을 밝혔다. 특히 '왜 떨어졌는지 모르겠다', '누가 평가했는지도 모른다'는 발언은 평가의 인지적 불투명성에서 비롯되는 감정적 단절을 보여 준다.

이러한 감정 구조는 Weiner(1985)의 귀인 이론(Attribution theory)으로 설명할 수 있다. 개인은 부정적인 결과를 경험했을 때, 그 원인을 내부(능력 부족, 노력 부족 등) 또는 외부(운, 평가 시스템의 오류 등)로 귀인한다. AI 면접은 이 두 가지 귀인을 동시에 유발할 수 있는 구조를 가지며, 자책감과 분노라는 상반된 감정이 함께 작동한다는 점에서 기존 면접과 다른 정서적 복합성을 가진다.

더욱이 AI 면접은 일관성을 제공한다는 강점에도 불구하고, 인간의 맥락적 판단이 결여되어 있다는 점에서 탈락자의 수용성을 낮추는 요인이 된다. AI의 점수는 정량화된 데이터에 기반하므로 객관적일 수 있으나, 그 점수가 도출된 이유와 맥락은 지원자에게 전달되지 않는다. 결국 점수 자체는 '정보'일 수 있지만, 지원자에게는 '이해할 수 없는 숫자'에 불과할 수 있다. 이는 수용성 저하와 동시에, 조직에 대한 신뢰도 악화를 유발하는 핵심 요인이 된다.

AI 채용 프로세스의 정서적 설계

AI 기반 채용 시스템의 확산은 채용 프로세스의 효율성과 일관성을 비약적으로 향상시켰지만, 동시에 평가 대상자인 지원자와 기업 간의 심리적 거리(psychological distance)를 증가시키는 구조적 한계를 함께 수반하고 있다. 특히 비동기적, 자동화된 AI 면접 환경에서는 지원자가 평가 상황을 '비인간적'이고 '단절된' 경험으로 인식할 가능성이 높아진다(Suen & Hung, 2024).

정량적 정확성과 기술적 신뢰성만으로는 채용 경험의 질을 충분히 확보할 수 없다. 이 지점에서 핵심적으로 요구되는 것이 바로 '정서 중심의 커뮤니케이션 설계'다. 지원자의 감정적 수용성을 고려한 인터페이스와 정보 제공 방식은 단순한 응대 수준을 넘어, 채용의 수용성과 결과 수용력을 좌우하는 결정적 요인으로 작용한다.

첫째, 예측 가능성과 정보의 투명성을 확보해야 한다. 지원자 경험에서 가장 자주 언급되는 부정적 감정 중 하나는 '알 수 없음에 대한 불안'이다. 즉, 내가 어떻게 평가되고 있는지, 어떤 기준으로 결과가 나오는지에 대한 정보가 전혀 주어지지 않을 때, 지원자는 불안정성과 통제력 상실감을 동시에 경험한다(이혜민 · 사영준, 2023). AI 면접 시스템은 사전에 질문 유형, 평가 항목, 점수화 기준, 인터뷰 방식 등과 관련된 상세 정보를 안내해야 하며, 특히 탈락자에게도 최소 수준의 피드백을 제공하는 설계가 필수적이다. 이러한 예측 가능성과 정보 비대칭

해소는 평가 결과에 대한 '인지적 수용성(cognitive acceptability)'을 높이는 효과를 가진다.

실제로 하이어뷰는 응답 종료 후, "표현력: 우수", "논리적 흐름: 적절", "직무 관련성: 중간 수준" 같은 항목별 피드백을 자동 생성해 제공하고 있으며, 이 조치는 지원자들의 채용 시스템 신뢰도를 약 18% 상승시킨 것으로 보고되었다(Suen & Hung, 2024). 단순 점수 통보가 아닌, 설명 가능하고 분절된 피드백은 기술 기반 채용에서 가장 중요한 심리적 안정 요소로 작용한다.

둘째, 정서적 상호작용을 의도적으로 설계해야 한다. 특히, 비동기 면접 환경의 구조상, 지원자는 물리적 면접관 없이 카메라와 마주하고 혼자 질문에 응답하게 되며, 이 과정에서 심리적 고립감과 기계적 처리에 대한 저항감을 경험할 수 있다. 특히 이와 같은 경험은 비언어적 피드백 부재와 맞물리며, "누가 나를 보고 있는지", "내가 잘하고 있는지"를 판단할 수 없는 상황을 만들어 낸다(이혜민 · 사영준, 2023). 이러한 정서적 단절은 응답의 몰입도를 떨어뜨리고, 시스템에 대한 정서적 신뢰 형성을 방해한다.

따라서 AI 시스템은 인간적 상호작용의 '대체물'로 작동할 수 있는 설계를 필요로 한다. Suen과 Hung(2024)

은 AI 면접 인터페이스에 아바타 기반 시각화 요소, 음성 피드백, 감정 인식 기반 피드백 기능을 결합한 사례를 제시하며, 이는 "시스템이 나를 이해하고 있다"는 인식을 유도함으로써 정직한 인상 관리 행동과 몰입도를 유의미하게 향상시켰다고 보고한다. 특히 '보이는 인터페이스'가 없는 채팅 기반 면접 시스템보다 아바타와 목소리를 제공하는 인터페이스는 평균 25% 더 높은 공정성 평가를 이끌어 냈으며, 수용성 역시 30% 이상 상승했다.

이러한 피드백 설계는 예를 들어, 대기 시간 동안 "준비가 되셨으면 시작 버튼을 눌러주세요", "긴장하지 마시고 천천히 말씀해 주세요"같은 문장을 자동 삽입하거나, 답변 중간에 시선 처리나 말 속도 정보를 반영한 "좋은 흐름입니다", "충분히 설명하셨습니다"같은 실시간 피드백을 제공함으로써 구현될 수 있다. 이는 단순한 편의 기능이 아닌, 피평가자의 심리적 안정성과 평가 신뢰도에 직결되는 핵심 설계 요인이다.

셋째, 평가 과정에서 의미감을 느끼도록 해야 한다. 지원자는 평가 점수를 단순한 숫자나 순위로 받아들이지 않는다. 그 숫자가 나에게 어떤 의미인지, 어떤 행동을 유도하는지를 알고 싶어 한다. 그러나 AI 기반 채용 시스템은 대부분의 경우 점수만 제공하거나, 간단한 합격/불합격 결과만 통보하고 끝나는 경우가 많다. 이때 지원자는 평가 결과를 성장의 기회가 아닌 '단절된 판단'으로 인식하며, 시스템에 대한 소외감을 경험하게 된다.

이를 해결하기 위한 전략은 '학습 지향적 피드백(learning-oriented feedback)'을 도입하는 것이다. 이는 평가 결과를 후보자의 자기 성장과 연결되는 언어로 재구성함으로써, 탈락조차도 유의미한 경험으로 인식되도록 만드는 접근이다. 예를 들어 "지원자의 논리성은 우수했으나, 응답 내용이 직무에 구체적으로 연결되지 않았습니다"라는 피드백은 평가 점수를 설명 가능하게 만들 뿐 아니라, 이후 행동 수정의 방향성까지 제시하게 된다.

이러한 정성적 피드백 설계는 실제로 지원자의 브랜드 인식과 채용 시스템에 대한 신뢰도, 재지원 의사에 긍정적인 영향을 준다고 보고되었다(김형식 · 황규대, 2002). 특히 점수 기반 평가가 필연적으로 유발할 수 있는 비인간적 인상은, '이해 가능한 설명'을 제공함으로써 상쇄 가능하다. 이는 점수가 아닌 메시지의 방식이 수용성에 결정적 영향을 미친다는 점에서, 기술 설계와 감정 설계의 교차점을 보여 주는 대표적인 사례다.

채용은 본질적으로 '사람을 만나는 과정'이며, 그 중심에는 여전히 감정, 관계, 공감이 존재한다. 이를 간과한 시스템 설계는 채용의 성공률이 아니라, 탈락자의 불신과 조직 이미지 저하라는 부작용으로 이어질 수 있다.

따라서 AI 면접은 기술적 정확성, 정량화 가능성뿐 아니라, '정서적 설계(emotional design)'를 중심에 두고 개발되어야 한다. 이는 다음 네 가지 원칙에 기반한다.

첫째, AI는 '정보 처리자'이지 '판단 주체'가 아님을 명확히 한다. 둘째, 시스템은 인간이 수용 가능한 커뮤니케이션 구조를 갖춰야 한다. 셋째, 평가의 결과는 설명 가능한 형태로 제공되어야 한다. 넷째, 탈락자조차 '공정하게 평가받았다'는 감정을 느낄 수 있도록 설계되어야 한다.

'채용 경험'이라는 무형의 자산을 전략적 자원으로 전환시키기 위해서는 기술과 심리, 효율과 공감, 평가와 관계가 균형 있게 통합되는 지점을 찾아야 한다.

참고문헌

김형식 · 황규대(2002). 면접에 대한 지원자 지각이 면접만족도와 채용제안 수용가능성에 미치는 영향에 관한 실증적 연구. ≪경영학연구≫, 31(1), 1-15쪽.

이혜민 · 사영준(2023). AI 역량 면접에 대한 이용자 반응: 블라인드의 게시글에 나타난 감정과 귀인을 중심으로. ≪한국 HCI 학회

학술대회≫, 371-376쪽.
Gilliland, S. W.(1993). The perceived fairness of selection systems: An organizational justice perspective. *Academy of management review*, 18(4), pp.694-734.
Suen, H. Y. & Hung, K. E.(2024). Revealing the influence of AI and its interfaces on job candidates' honest and deceptive impression management in asynchronous video interviews. *Technological Forecasting and Social Change*, 198, 123011.
Weiner, B.(1985). An attributional theory of achievement motivation and emotion. *Psychological review*, 92(4), p.548.

06
AI 채용 대응 전략과 준비

AI는 채용 과정의 보조 도구를 넘어, 이력서 스크리닝에서부터 면접 평가, 최종 선발에 이르기까지 전형의 설계자이자 결정권자의 역할마저 수행하기에 이르렀다. 구직자는 AI 채용 시스템을 이해하고 전략적으로 대응해야 한다. AI는 어떤 이력서를 통과시키는가? 어떤 응답이 영상 면접에서 고득점을 받을 수 있는가? 해답은 데이터와 알고리즘 작동 원리에 있다.

AI와 야구?

AI는 나를 어떻게 평가할까

AI 채용 시스템은 단순한 자동화 도구를 넘어, 채용 전반을 설계하고 실행하는 의사결정 파트너로 진화하고 있다. 특히 대기업이나 글로벌 IT기업의 경우, AI는 이력서 스크리닝, 비동기 영상 면접, 게임형 역량 검사, 예측 분석 등 전 과정을 관통하며 작동한다. 따라서 AI 채용에 대비하는 첫 걸음은 그 작동 원리를 이해하는 것이다.

첫째, AI는 키워드를 기반으로 필터링한다. AI는 자연어 처리를 기반으로 이력서와 채용 공고 간의 유사도를 정량화한다. 이때 특정 기술 키워드가 누락될 경우, 역량이 충분함에도 불합격 처리될 수 있다. 예를 들어, 'Python'이나 'TensorFlow'가 언급되지 않으면 ML 엔지니어 지원자로 분류되지 않으며, STAR(상황-과제-행동-결과) 방식의 기술 경험이 수치화되어 있지 않다면 프로젝트 성과가 누락된 것으로 간주된다.

예를 들어, 아래와 같은 표현은 AI가 성과를 인식하지 못할 가능성이 높다.

상황(S): 신규 고객이 많은 웹사이트에서 페이지 로딩 속도가 느려져 불만이 증가하고 있었습니다.

과제(T): 프론트엔드 성능을 개선하는 것이 저의 주요 과제

였습니다.

행동(A): React 코드에서 비동기 처리 방식을 개선하고 이미지 로딩 방식을 최적화했습니다.

결과(R): 그 결과 사용자 경험이 향상되었습니다.

이 표현은 사람이 읽었을 때는 '노력했다'는 인상을 받을 수 있지만, AI는 "향상됨", "개선됨" 같은 비정량적 표현을 구체적인 성과로 판단하지 못한다. 따라서 프로젝트의 효과가 누락될 수 있다. 반면에, 아래와 같은 표현은 AI가 성과로 인식해서 요약할 확률이 높다.

상황(S): 웹사이트의 평균 페이지 로딩 속도가 5.2초로, 이탈률이 42%에 달했습니다.

과제(T): 로딩 속도를 3초 이하로 줄여 이탈률을 감소시키는 것이 목표였습니다.

행동(A): 이미지 압축 알고리즘 개선을 통해 주요 리소스의 비동기 로딩을 적용했습니다.

결과(R): 평균 로딩 속도가 2.8초로 단축되었고, 이탈률은 42%에서 27%로 감소했습니다.

AI는 숫자, 백분율, 전후 비교를 통해 '성과'를 인식한다. 따라서 위와 같은 수치화된 결과는 정량적 성과를 판단하는 알고리즘에 유리하게 작용한다.

둘째, AI는 예측 분석(Predictive Analytics)을 한다. 이력서, 온라인 시험, 과거 채용자 프로필 등을 학습한 AI는 채용 성공 가능성이 높은 프로파일을 추론한다. 지원자의 경력 길이, 업종 이동 이력, 직무별 성과 지표 등은 주요 판단 지표가 된다.

셋째, 멀티 모달 평가(Multimodal Evaluation)를 한다. AI 면접 시스템은 텍스트뿐 아니라 음성(억양, 속도), 얼굴(표정, 시선), 행동(머뭇거림, 반복어 사용) 등의 비언어 신호도 분석한다. 대표적인 사례인 하이어뷰는 카메라를 통해 표정의 안정성, 눈동자의 정렬, 억양 변화까지 측정해 '정서 안정성'과 '커뮤니케이션 역량'을 점수화한다.

AI 기반 채용 환경에서 경쟁력을 갖추기 위해서는 이력서와 온라인 프로필 전반에 데이터 중심의 전략이 필요하다(고영민, 2020). 이를 위해 지원자는 관심 기업의 채용 공고 5개 이상을 분석해 반복적으로 요구되는 기술 키워드를 파악하고, 이를 자신의 이력서와 LinkedIn, GitHub 같은 온라인 프로필에 자연스럽게 반영해야 한다. 특히 "사용자 리텐션 20% 개선", "매출 15% 증가"처럼 성과를 수치화한 문장을 강조함으로써 AI가 인식할 수 있는 정량적 성과를 명확히 전달해야 한다. 또한 자격증이나 기술 인증서 등 공식적인 증빙 요소와 함께, 이력서에는 명확한 기술 명칭과 결과 중심의 설명이 포함되어야 AI 필터링을 통과할 확률이 높아진다.

AI 친화적 문서 전략

AI 기반 스크리닝 시스템이 보편화된 채용 환경에서, 이력서도 이제 단순한 경력 나열이 아닌 정량적 성과 중심, 키워드 중심, 구조적 문장 설계를 요구받는다. 기계는 '의도'보다 '패턴'을 읽으며, 정성적 표현보다 '채용 수치', '지원자 처리량', '전환율' 등의 측정 가능한 결과에 더 높은 가중치를 부여한다.

예를 들어 다음과 같은 경력 기술은 AI가 인식하기에 명확하고 효과적인 구조다.

- 신입 개발자 채용 공고 오픈 후 14일 내 평균 채용 완료율 92% 달성.
- 면접 프로세스 개선을 통해 채용 전환율 18%p 상승 (1차 → 최종 면접).
- ATS 도입 및 전환 교육 주도 → 이력서 검토 시간 35% 단

축.

- 채용 브랜딩 콘텐츠(직무 인터뷰, 블로그) 기획 → 월 평균 지원자 수 2배 증가.

- 비동기 면접 도입 프로젝트 총괄 → 평균 응답률 79%, 채용 리드 타임 6일 단축.

이러한 표현은 '결과(Result)'를 수치로 명시함으로써, 경험의 완결성을 높이고 필터링 과정에서 높은 가시성을 확보하게 한다. 반대로 "채용 절차를 관리했습니다" 같은 모호한 표현은 AI 시스템에서 핵심 성과가 누락된 것으로 간주되어 주목받지 못할 가능성이 높다.

커버레터(Cover Letter. 이력서, 자기소개서)에서도 정량적 성과는 중요하다. 첫 단락에서 "지난 2년간 개발자 및 디자인 직군 중심으로 총 73명을 채용하며, 지원자 경험 개선 및 채용 전환율 제고를 주도해 왔습니다"와 같이 자신의 핵심 성과를 요약하는 문장이 필요하다. 중간에는 기업이 요구하는 직무와 자신이 수행한 프로젝트의 연결성을, 마지막에는 기업의 문화와 가치에 공감하는 지원 동기를 설득력 있게 전달해야 한다.

예시: "팀의 채용 브랜딩 전략이 부재한 상황에서 직접 콘텐

츠 시리즈를 기획해 LinkedIn 지원 전환율을 3개월 만에 2.5배 향상시킨 경험은, 귀사의 초기 브랜드 정립에도 기여할 수 있는 역량이라 생각합니다."

AI 채용 시스템은 숫자와 구조화된 언어에 반응한다. 예를 들어, 채용 담당자의 경우, "사람을 잘 본다"는 추상적 설명보다는, 얼마나 빠르게, 효율적으로, 많은 인재를, 어떻게 채용했는지를 증명할 수 있어야 한다.

AI 면접 전략

AI 면접은 더 이상 '사람이 질문하고, 사람이 판단하는' 전통적인 구조에 머무르지 않는다. 하이어뷰, Final Round AI, Pymetrics 등 상용 솔루션을 중심으로, 최신 AI 면접 시스템은 지원자의 언어(텍스트), 음성(오디오), 표정 및 자세(비디오) 데이터를 멀티모달(multimodal)로 수집·분석해 다양한 소프트 스킬을 정량적으로 평가한다. 이처럼 다중 신호를 결합해 해석하는 기술은 단일 평가 기준의 편향을 줄이고, 평가 일관성을 높이는 목적에서 개발되었다(손승원·오주연, 2023).

Frontline Recruitment Group의 보고서에 따르면 AI 면접 시스템에서 분석되는 주요 요소는 다음과 같이 구분할 수 있다.

첫째, 언어적 요소(Linguistic features). AI는 지원자의 말하기 내용에서 문장의 논리성, 사용된 키워드의 적합도, 응답 구조의 일관성 등을 평가한다. 예를 들어 "문제 상황 → 해결 과정 → 결과" 구조로 응답이 구성되어 있을수록 논리적 정합성이 높은 것으로 판단된다. 또한 직무 관련 키워드(예: '분석', '기획', '성과')가 얼마나 자연스럽게 녹아 있는지 역시 핵심 평가 포인트다.

둘째, 음성 요소(Paralinguistic features). AI는 말의 속도(speed), 음조(pitch), 억양(intonation), 정지 구간(pause duration) 등을 분석해 지원자의 감정 상태, 확신 정도, 스트레스 수준 등을 추정한다.

셋째, 표정 및 시선 요소(Visual-affective features). 시선이 카메라에서 일관되게 유지되는가를 살핀다. 얼굴 표정이 응답 흐름에 맞게 자연스럽게 변화하는가, 눈동자의 움직임이 불안정하지 않은가 등이 분석된다. 눈의 깜박임 빈도, 미세 표정 변화(micro-expression)까지 분석하는 시스템도 등장하고 있다. 하이어뷰는 이를 'emotional engagement' 지표로 가공해 커뮤니케이션 신뢰도를 점수화한다.

넷째, 행동적 요소(Kinesic features)로 몸의 움직임,

손 제스처, 자세의 기울기 등 비언어적 행동을 AI가 실시간으로 추적한다. 카메라 앞에서 계속 몸을 움직이거나, 시선이 자주 벗어나거나, 손을 자주 만지는 등의 행동은 몰입도 저하 또는 불안 신호로 해석될 수 있다. AI는 이러한 행동 패턴의 일관성(consistency)을 높게 평가하며, 특정 구간에서 급격한 변화가 있을 경우 '비일관성' 또는 '부자연스러움'으로 감점 처리할 수 있다.

특히 AI 면접 시스템은 이러한 요소를 종합 분석해 정서 안정성(emotional stability), 논리적 커뮤니케이션 능력(logical communication), 몰입도(engagement) 같은 소프트 스킬(soft skills)을 수치화한다. 이는 기존 인간 면접자가 주관적으로 판단하던 영역을 AI가 정량화해 제공함으로써, 보다 일관된 평가를 가능하게 한다는 점에서 긍정적으로 평가되기도 한다. 하지만 동시에, 이러한 시스템이 '기계적으로 적응된 답변'을 더 선호하고, 자연스러운 긴장감이나 감정 표현을 부정적으로 해석할 가능성도 있다는 점에서, 지원자 입장에서는 매우 세심한 준비가 요구된다.

AI 면접을 준비하는 구직자는 단순히 예상 질문에 답하는 연습만으로는 충분하지 않다. 카메라, 조명, 자세, 말투, 눈빛까지 사전 시뮬레이션을 통해 자기표현의 일관성과 신뢰도를 확보하는 것이 핵심이다.

먼저 환경을 잘 준비해야 한다. 카메라 각도는 눈높이보다 15도 아래에서 비추도록 조정해야 자연스럽고 집중된 인상을 줄 수 있으며, 그림자 없는 깨끗한 얼굴 윤곽을 확보하는 것이 좋다. 배경은 단색의 벽 혹은 중립적인 가상 배경이 바람직하며, 배경 소음이나 움직임이 감지되지 않도록 정적 환경을 마련해야 한다.

둘째, 응답 구조 훈련은 STAR 방식(Situation-Task-Action-Result)을 중심으로 진행해야 한다. 예를 들어 "팀 내 커뮤니케이션 문제가 있었던 상황에서(상황), 중재자로서 역할을 맡아(과제), 팀 미팅 주기를 늘리고 피드백 제도를 설계한 결과(행동), 프로젝트 만족도가 30%p 상승했다(결과)" 같은 구조화된 응답을 3분 이내로 전달하는 연습이 필요하다.

셋째, 자기 피드백 도구의 활용이 중요하다. Final Round AI, Interview Copilot 등 AI 피드백 기반의 영상 분석 도구를 활용하면, 응답 속도, 억양, 표정, 말의 흐름 등을 정량적으로 점검할 수 있다. 실제로 이러한 피드백은 지원자의 응답이 '너무 완벽하게 들리는가', 혹은 '기계적인 톤인가'를 파악하고 조절할 수 있도록 도와준다.

참고문헌

고영민(2020). 이젠 인공지능이 면접까지 본다고?: AI 채용시스템, '공정성'논란의 종지부를 찍을까?. ≪지역정보화≫, 120, 98-99쪽.

김형식 · 황규대(2002). 면접에 대한 지원자 지각이 면접만족도와 채용제안 수용가능성에 미치는 영향에 관한 실증적 연구. ≪경영학연구≫, 31(1), 1-15쪽.

손승원·오주연(2023). AI 채용시스템 도입성과: 국내외 사례연구. ≪한국진로창업경영학회지≫, 7(2), 137-155쪽.

Frontline Recruitment Group(2024). Preparing for AI & automation in hiring: Tips for job seekers. https://www.frontlinerecruitmentgroup.com/blogs/preparing-for-ai-and-automation-in-hiring-tips-for-job-seekers/

07
채용 데이터로 본 조직 성장

채용 데이터는 단순한 '운영 보고용 수치'가 아니다. 채용 데이터는 조직 성장의 신호등이다. 조직 전략의 실행력, 브랜드 신뢰도, 인재 경쟁력을 진단하는 고감도 센서 역할을 한다. 채용 데이터를 활용해 단순 보고를 넘어 예측과 전략적 의사결정으로 확장되는 채용 애널리틱스의 3단계 활용 방안을 살펴본다.

AI와 윤동주?

채용 데이터는 조직 성장의 바로미터

채용 데이터는 단순히 몇 명을 뽑았는지를 보여 주는 숫자에 그치지 않는다. 조직의 전략 실행력, 인재 경쟁력, 브랜드 신뢰도, 문화 적합성에 이르기까지 전반적인 조직 성숙도의 축소판이라 할 수 있다. Workforce 애널리틱스 관점에서 채용 데이터는 '사람'에 대한 이해를 넘어, 기업이 전략적 자원으로 인적 자본을 어떻게 관리하고 있는지, 그 운영의 결과를 수치로 증명해 주는 바로미터(barometer)로 기능한다(양재완, 박우성, 2020).

채용 관련 HR 지표들은 조직의 성과, 민첩성, 고용 브랜드, 지원자 경험 등 다양한 관점에서 조직 상태를 정량적으로 진단할 수 있게 해준다. 주요 채용 지표의 기능과 의미는 다음과 같다.

지원자 수

포지션당 평균 지원자 수는 채용 공고의 매력도, 브랜드 인지도, 또는 채용 채널의 효과성을 가늠하는 지표다. 수치가 낮다면 공고의 표현 방식, 노출 채널, 기업 이미지 등을 점검할 필요가 있다.

채용 비율

총 지원자 대비 채용된 인원의 비율로, 필터링 강도와 요구 스펙의 난이도를 보여 준다. 너무 낮으면 지원자의 경험이 낭비되고, 너무 높으면 평가 기준의 불분명성을 의심해 볼 수 있다.

지원자-채용 단계 전환율

서류 → 1차 면접 → 2차 면접 → 채용 제안 → 수락까지의 각 단계 전환율을 분석함으로써, 어떤 구간에서 지원자가 대거 이탈하는지 진단할 수 있다. 예를 들어, 최종 면접 이후 제안을 거절당한다면 보상 체계나 기업 문화에 대한 정보 전달 부족이 원인일 수 있다.

채용 소요 시간

'채용 공고를 게시한 시점부터 채용 완료까지의 시간(Time to Fill)'과 '지원자 접수 이후 입사까지의 시간(Time to Hire)'은 조직의 민첩성과 내부 의사결정 구조를 반영하는 지표다. 평균 대비 현저히 긴 경우, 승인 체계, 평가 방식, 인터뷰 프로세스 등에 병목이 있을 가능성이 높다.

채용 1인당 비용

광고비, 툴 사용료, 외부 업체 수수료, 면접관 시간 비용 등 총 채용 비용을 최종 채용 인원으로 나눈 수치다. 단순 원가 절감보다 중요한 것은 비용 대비 성과(ROI)를 고려하는 것이다. 고비용이더라도 고성과자를 채용했다면 이는 전략적 투자다.

채용 경로 분석

지원자와 최종 채용자의 유입 경로(예: 잡포털, 리퍼럴, 채용 블로그 등)를 비교해 각 채널의 효율성을 분석한다. 예를 들어 리퍼럴(Referral. 추천, 의뢰)의 채용 전환율이 높다면 내부 추천 장려 제도를 확대하는 전략이 유효할 수 있다.

현업 관리자 만족도

최종 채용 이후 현업 부서장이 해당 인재의 업무 적합성, 협업도, 온보딩 속도 등을 기준으로 평가하는 지표로, 양적 성과와 질적 기대 간의 간극을 조명하는 데 유용하다

후보자 경험 지수

지원자는 채용 결과보다 과정에 더 민감하다. 각 접점

(지원서 제출, 인터뷰, 피드백 등)에서의 경험을 정량화해 평가함으로써 브랜드 충성도와 추천 가능성을 높일 수 있다.

채용 데이터는 회사 성장의 신호등이다. 이탈률이 급격히 상승하면, 비현실적인 요구 조건이 제시되었거나 소싱 채널의 품질이 낮은 것일 수 있다. 전환율이 낮다면 면접관의 태도, 과정의 공정성, 평가 기준의 모호함 등을 의심할 수 있다. 또한 Time to Fill이 길어질수록 업무 공백 비용이 누적되며, 이로 인해 생산성과 고객 만족도가 함께 저하될 수 있다.

지표는 단순히 '보고용 수치'가 아니라 '경영 인사이트'로 전환되어야 한다. 채용 데이터는 조직의 외부 경쟁력과 내부 정렬 상태를 진단할 수 있는 실시간 대시보드 역할을 수행해야 한다. 특히 급변하는 시장에서 '빠르고 정확한 인재 확보'는 곧 조직의 생존력과 직결되며, 이에 따라 채용 애널리틱스는 단순한 HR 기능이 아닌 전략적 실행 수단으로 재정의될 필요가 있다.

채용 데이터 분석의 3단계

채용 데이터는 단순히 '얼마나 뽑았는가'에 대한 통계를 넘어서, '어떻게 뽑았는가'와 '왜 그렇게 뽑았는가'를 설명할 수 있어야 진정한 전략 자산이 된다. 이러한 데이터 활용 역량은 조직의 데이터 성숙도(data maturity)에 따라 크게 세 단계로 구분된다.

첫째, 운영 보고 수준(Operational Reporting)은 가장 기초적인 단계로 과거의 채용 활동을 단순히 '기록'하고 '요약'하는 수준이다.

이 단계의 데이터는 대부분 ATS(Applicant Tracking System)에서 추출 가능하며, 단일 소스 데이터를 기반으로 Excel 또는 기본 대시보드를 통해 시각화되는 경우가 많다. 그러나 이 단계에서의 한계는 '무엇이 일어났는가'는 보여줄 수 있지만, '왜 그런 일이 발생했는가'에 대한 설명력은 낮다는 점이다.

다음 단계는 고급 보고 수준(Advanced Reporting)이다. 두 번째 수준은 여러 데이터 소스를 결합해 채용 전반의 질을 측정하는 고급 보고 단계다. 여기서는 단순 지표 외에도, 지원자 경험(candidate experience), 소싱 채널 효율성, 브랜드 인지도 등을 종합적으로 분석한다.

서류 지원, 면접, 피드백 제공 등 단계별 경험을 평가하는 Candidate Experience Score를 관리하고, Job board, 소셜 미디어, 리퍼럴, 헤드 헌터 등 각 채널의 전환율을 분석해 ROI(투자 대비 성과)를 파악한다. 각 채용 단계별 이탈률(지원-서류 합격-면접-채용 제안-수락)을 통해 병목 구간과 이탈 원인을 분석하기도 한다.

이 단계에서는 CRM, ATS, HRIS, 서베이 시스템 등 여러 시스템의 연계가 필요하며, 데이터 전처리와 KPI 설계 능력이 요구된다. 이를 통해 조직은 채용 전략의 효율성뿐만 아니라 '경험의 품질'을 동시에 측정할 수 있게 된다. 예를 들어, 채용 비용은 낮지만 지원자 만족도가 급격히 낮다면, 브랜드 평판 악화로 인한 장기적 리스크를 동반할 수 있다.

마지막으로 전략 및 예측 분석(Strategic & Predictive Analytics) 단계다. 세 번째이자 가장 고도화된 단계는 채용 데이터를 통해 조직의 미래 경쟁력을 설계하는 전략적 분석이다. 이 수준에서는 회귀분석, 머신 러닝 기반 예측 모델, 시나리오 플래닝 등을 활용해 다음과 같은 전략적 질문에 답한다.

"가장 성과가 높은 인재는 어떤 채용 경로를 통해 들어왔는가?"

"어떤 소싱 전략이 향후 6개월 내에 가장 높은 ROI를 낼 것인가?"

"입사 3개월 내 퇴사 가능성이 높은 인재의 공통 특성은 무엇인가?”

실제 사례로 롤스로이스는 챗봇 면접 시스템(chatAssess)을 도입한 후, 채용 전환율을 74%에서 96%로 끌어올렸다. 이는 단순히 기술 도입이 아닌, 채용 퍼넬 내 각 단계에서 이탈률을 정량적으로 측정하고, 실험군 간 효과를 통계적으로 검증함으로써 가능해진 전략적 분석의 결과다(van Vulpen, 2023).

이 단계에 도달한 조직은 채용을 단순한 운영 영역이 아닌, 비즈니스 전략과 연동된 경쟁력 강화 수단으로 인식하며, HR이 데이터 사이언스(Data Science) 및 경영 전략과 긴밀히 협업하는 구조로 발전하게 된다.

이처럼 채용 데이터의 활용 수준은 단순 보고에서 고급 진단, 예측과 시뮬레이션을 거쳐 진화한다. 각 단계에 따라 인사이트의 깊이와 조직의 전략적 개입 범위가 달라지며, 특히 예측 단계는 데이터 중심의 조직 문화를 전제로 해야 도달 가능하다(김용근 외, 2020).

채용 데이터 기반 의사결정

채용 지표는 조직 진단에서 전략 실행으로 연결되는 핵심 연결 고리다. 단일 지표에 집중하기보다 다층적 지표 간 상호작용을 분석하는 것이 전략적 분석의 출발점이다. 따라서 여러 데이터 소스를 통합해 채용 흐름을 총체적으로 이해하게 해주는 분석 활동이 필요하다.

예를 들어, 후보자의 이탈률을 분석하려면 각 단계별 전환율뿐 아니라, 후보자 만족도 조사, 지원자 경로별 전환 차이, 인터뷰 대기 시간, 채용 브랜딩 콘텐츠 소비 여부 등 다양한 요인을 연동해 해석해야 한다. 이러한 분석은 단순히 숫자를 나열하는 수준을 넘어, 채용 경험의 질과 조직 브랜드 인식 간의 인과 관계를 추적할 수 있게 해준다.

'소싱 채널 효율성 분석'은 예산 운용의 최적화와 직결된다. 예를 들어, 포지션별로 가장 전환율이 높은 채널(LinkedIn, 사내 추천, 채용 공고 등)을 비교하고, 각 채널당 후보자당 평균 채용 비용(Cost per Hire per Source)을 계산하는 방식이다. 이를 통해 저비용 고효율 채널에 집중하거나, 전환율이 낮은 채널에 대해 브랜드 콘텐츠, 공고문 개선 등의 대응 전략을 수립할 수 있다.

이러한 분석은 단순한 리스크 관리 차원을 넘어, 채용의 전략적 의사결정 역량을 고도화한다. 예컨대, 특정 직무의 채용 리드타임이 과도하게 길어질 것으로 예측된다면, 조직은 조기 소싱을 시작하거나 외부 채용 에이전시와의 협력을 확대하는 등의 선제적 전략을 수립할 수 있다.

중요한 점은 이러한 분석이 단순히 데이터만으로 이뤄지는 것이 아니라는 것이다. 분석 설계 초기 단계에서부터 "무엇을 알고 싶은가", "그 질문은 조직 전략에 어떤 영향을 주는가"라는 비즈니스 질문이 정교하게 설정되어야 하며, 이를 위해서는 HR 부서의 분석 역량 강화와 타 부서와의 협업이 필수적이다.

채용 데이터를 전략적으로 활용할 경우, 조직은 예측 분석을 통해 필요한 시점에 인재를 확보할 수 있다. 이는 사업 추진 속도를 가속화하며, 인력 공백으로 인한 리스크를 최소화한다. 또한, 채용 데이터는 문화 적합성, 조직 내부 정렬, 온보딩 속도 등 질적 요인과 정량 요인의 균형을 확보하게 한다. 이는 채용 실패율을 낮추는 근거가 된다. 마지막으로 경영진과의 협업에서 데이터 기반의 인사이트를 제공함으로써, HR이 전략 파트너로서의 입지를 강화할 수 있다.

참고문헌

김용근 외(2020). HR Analytics 활용 직책자 자동추천 시스템 사례 연구: 대리인 이론을 중심으로. ≪대한경영학회지≫, 33(9), 1625-1645쪽.

양재완 · 박우성(2020). Workforce 애널리틱스의 이해와 전략적 활용. ≪조직과 인사관리연구≫, 44(2), 77-101쪽.
van Vulpen, E.(2023). Recruitment Analytics: The 3 Levels to Optimize Recruiting. AIHR. https://www.aihr.com/blog/recruitment-analytics/

08
AI 채용에서 발생하는 윤리 이슈

'AI가 판단했다'는 말로 모든 과정을 설명할 수 있을까? 알고리즘이 내린 결정은 누가 책임져야 할까? AI 채용 시스템의 자율성과 책임의 경계를 짚고, 데이터의 윤리적 기원, 설명 가능성의 문제, 기술의 사회적 외부성까지 다루며, 기술이 아닌 사람 중심의 채용 윤리를 고민해 본다.

AI와 한의학?

알고리즘의 자율성과 책임의 경계

AI 채용 시스템은 전통적인 인사 판단을 자동화하면서 '효율성'이라는 명목하에 점점 더 넓은 권한을 부여받고 있다. 이 과정에서 핵심적으로 떠오르는 윤리적 질문은 바로 "책임은 누구에게 있는가?"다. 알고리즘이 독자적인 판단을 내리는 구조라면, 그 판단이 잘못되었을 경우 책임 주체는 명확히 누구인가?

미국의 「알고리즘책임법(Algorithmic Accountability Act of 2023)」은 이러한 문제를 선제적으로 규율하려는 시도다. 이 법은 자동화된 시스템이 차별, 편향, 정보 비대칭을 유발할 수 있음을 전제로, 기업에게 영향 평가(impact assessment), 편향 감사(bias audit), 설명 가능성 확보를 의무화한다. 이는 윤리적 AI 채용을 단순히 '선택'이 아닌 제도적 책무로 규정한다.

한국은 채용 알고리즘에 대한 법적 기준이 상대적으로 미비하다. 「개인정보보호법」 제37조의2는 정보 주체에게 자동화된 결정에 대한 설명 요구 권한을 부여하고 있지만, 실제로는 기술적, 운영적 설명 시스템이 부재한 경우가 대부분이다. 기업은 'AI가 그렇게 판단했다'는 논리를 내세우지만, 이는 기술에 윤리적 책임을 떠넘기는 방식이며, 조직의 리스크로 되돌아올 수 있다.

임경숙(2021)은 “법조문은 작동 방식과 영향이 투명하게 드러나지만 인공지능 알고리즘은 시스템의 블랙박스 안에 숨어 있다”며, 이러한 책임 공백이 민주주의와 시장 신뢰에 직접적인 위협이 된다고 지적한다. 실제 사례에서, 특정 알고리즘이 50세 이상 지원자들에게 자동으로 낮은 적합도 점수를 부여한 사실이 드러났을 때, 인사팀은 이 사실조차 인지하지 못한 채 수년간 이를 채용의 기준으로 삼고 있었던 경우도 있었다.

딥 러닝 기반의 AI 채용 알고리즘은 일반적으로 인공신경망(Artificial Neural Networks)을 활용해 입력 데이터(이력서, 영상, 음성, 행동 등)로부터 출력값(적합도, 성과 예측 등)을 도출하는 구조를 갖는다. 이때 모델은 수천 개의 파라미터(가중치)를 학습해 내부에서 ‘추론 경로’를 구성하지만, 이는 사람이 직관적으로 해석할 수 있는 논리 구조가 아니라 수학적으로 최적화된 행렬 연산의 집합이다. 이러한 구조적 복잡성은 곧 설명 불가능성(explainability gap)을 야기하며, 딥 러닝이 왜 특정 지원자에게 낮은 점수를 부여했는지를 명확하게 설명하는 데 어려움을 준다. 특히 비선형 활성함수와 다층 레이어 구조로 인해, 모델의 의사결정은 ‘블랙박스’처럼 작동하게 된다.

게다가 대부분의 딥 러닝 모델은 데이터 중심 학습(data-driven learning)을 기반으로 작동하기 때문에, 과거 데이터에 포함된 미묘한 편향까지 그대로 학습해 버릴 가능성이 높다. 예컨대, 과거에 50세 이상의 지원자가 채용된 빈도가 낮았다면, 모델은 이를 '낮은 적합도'의 간접적 신호로 간주할 수 있다. 이 과정은 명시적이지 않기 때문에, 모델 개발자조차 '나이'가 점수에 영향을 미치고 있다는 사실을 인식하지 못할 수 있다. 결국, 딥 러닝은 데이터의 상관관계를 강화하는 데 탁월하지만, 인과관계를 설명하거나 정당화하는 데는 매우 취약한 구조를 갖고 있다.

따라서 조직은 AI 채용 시스템 도입 시, 다음과 같은 '책임 삼각 구조'를 사전에 정의해야 한다. 첫째, 기술 설계자는 데이터세트 구성과 모델 설계에서 발생한 구조적 편향에 대해 책임을 가진다. 둘째, 운영 관리자는 알고리즘의 실행 조건과 평가 기준을 해석하고 적용한 책임을 가져야 한다. 마지막으로 최종 의사결정자는 시스템 오류를 인지했음에도 시정을 하지 않았을 경우의 책임을 져야 한다.

윤리적 AI 채용은 기술의 진보가 아니라, 책임의 분배와 투명성의 확산에서 시작되어야 한다.

데이터의 윤리적 기원과 비가시적 편향

AI 채용의 판단 기준은 전적으로 데이터에 의존한다. 이때 데이터의 수집 방식, 구성, 전처리 과정에서 이미 사회적 편견과 구조적 불균형이 포함되어 있다면, 결과는 '자동화된 차별'로 귀결된다. 즉, 데이터는 결코 중립적이지 않다.

예를 들어, 미국의 한 보험사의 사례에서는 고성과자 예측 모델을 훈련시키기 위해 과거의 성과 데이터를 사용했다. 그러나 이 데이터는 대부분 백인 남성 중심으로 구성되어 있었고, 알고리즘은 '해당 인종 · 성별'이 고성과의 상관 요소로 학습했다. 이로 인해 여성, 흑인, 라틴계 지원자는 동등한 자격 조건에도 불구하고 점수에서 불이익을 받았다(Hardt, 2016; 임경숙, 2021).

양종모(2017)는 "차별이 발생한 이후에 사후적으로 구제를 하기란 어렵다"며, 사전적 차단 조치와 데이터 정합성 점검이 유일한 방어선임을 강조했다. 특히 빅데이터 기반의 학습에서 가장 취약한 점은 '다수의 행동'이 곧 '정당성'으로 오인된다는 점이다. 그러나 사회적 소수자의 행동은 데이터에서는 비정규로 나타날 수 있으며, 이는 모델이 '이상값'으로 처리하거나 배제하도록 설계될 가능성이 있다.

AI 채용에서 윤리적 데이터를 구성하기 위한 구체적 조건은 다음과 같다. 첫째, 다양한 표본 확보를 필요로 한다. 연령, 성별, 지역, 학력, 경력, 채용 경로의 대표성을 확보하려는 노력이 필요하다. 둘째, 데이터 내 과소 표현된 집단을 위한 가중치 조정을 통해 소외 집단 보정 알고리즘을 고려해야 한다. 셋째, 피처 선택에는 인문적 관점이 필요하다. 단순 수치는 배제하고, 직무 본질과 연관된 속성만 제한적으로 사용하는 방법이다. 이러한 데이터 보정은 단순한 공정성을 넘어서, 조직의 전략적 다양성과 지속 가능성을 위한 기반이 된다. 기업은 채용이 사회적 책임을 포함한 '미래 가치 창출 행위'임을 인식하고, 알고리즘이 배제할 수도 있는 인재를 '데이터 이면'에서 구조적으로 구제할 수 있는 설계를 고민해야 한다.

데이터 투명성과 설명 가능성의 윤리

AI 채용 시스템이 신뢰받기 위해서는 단순히 '잘 작동한다'는 주장만으로는 부족하다. 기술이 인간의 삶과 권리를 규율할 때, 그것이 어떻게 작동하는지를 설명할 수 있어야 한다. 이는 AI의 설명 가능성(explainability) 문제로, 윤리적으로는 '정보 제공 의무'이자 '절차적 정당성'

확보의 핵심 조건이다.

뉴욕 시의 「Local Law 144」는 이러한 설명 가능성을 제도화한 대표 사례다. 이 법은 AI 채용 도구(AEDT)를 사용하는 경우, 지원자에게 사전 고지를 의무화하고, 편향 감사(bias audit)의 결과를 공개하도록 규정하고 있다. 또한 "설명 가능성 없이는 공정성도 없다"는 원칙하에, 알고리즘의 판단 기준, 평가 항목, 데이터 처리 방식 등을 사전·사후 단계에서 모두 제공해야 한다(「Local Law 144」, 2021).

문제는 대부분의 AI 채용 솔루션이 상업적 알고리즘을 사용하며, 내부 알고리즘이 '영업 비밀'이라는 명목하에 블랙박스로 남아 있다는 점이다. 예를 들어, 한 국내 HR SaaS 기업의 AI 평가 시스템은 응답 시간, 언어 빈도, 표정 데이터를 종합해 지원자를 5단계로 평가하지만, 그 판단의 근거와 피드백은 제공되지 않는다. 결과적으로 지원자는 자신이 왜 탈락했는지 이해할 수 없고, 채용 과정에 대한 불신을 가지게 된다.

임경숙(2021)은 "이해되지 않는 알고리즘은 인권을 침해할 수 있으며, 법적·윤리적 통제를 벗어날 가능성이 높다"고 지적한다. 설명 가능한 AI는 단지 친절한 기술이 아니라, 지원자의 권리를 보장하는 기초 인프라다.

기업이 설명 가능성을 확보하기 위해 필요한 조치는 다음과 같다.

첫째, 기업은 AI의 평가 결과를 단순 수치나 등급으로 제시하는 데 그치지 않고, 어떤 기준에서 긍정적 또는 부정적 평가를 받았는지에 대한 요약형 피드백 리포트를 제공해야 한다. 독일 기업 Retorio는 비디오 면접 분석 후, 지원자의 커뮤니케이션 스타일, 감정 표현력, 직무 관련 행동 특성을 5가지 요인별로 요약해 피드백한다. 이 시스템은 단순히 '점수'를 주는 것이 아니라, 지원자에게 자기 개선의 단서를 제공하는 동시에 기업에 대한 신뢰를 높이는 효과를 낸다. 국내의 경우에도 일부 기업들이 면접 피드백을 자동화된 이메일 형식으로 전환하고 있으며, 향후 표준화된 요약 리포트를 제도화하는 움직임도 나타나고 있다.

둘째, 지원자 입장에서 가장 큰 불만 중 하나는 AI가 '무엇을 보고 판단하는지' 전혀 알 수 없다는 점이다. 따라서 기업은 채용 과정에서 사용하는 AI의 주요 판단 기준에 대해 설명한 공개 가이드라인 또는 FAQ 문서를 홈페이지나 채용 플랫폼에 명시해야 한다. 예를 들어 하이어뷰는 자사의 AI 평가 시스템이 어떤 행동 지표를 사용하고, 그 판단 기준은 어떤 연구 기반에서 도출되었는지를 공식 FAQ 문서에서 설명한다.

셋째, 내부 채용 담당자 대상의 알고리즘 해석 교육이 필요하다. 많은 기업이 AI 시스템을 도입했지만, 실무 담당자조차 해당 알고리즘의 구조와 위험성, 편향 요소를 제대로 이해하지 못한 채 결과를 '그대로 수용'하는 경우가 많다. 이는 곧 조직 내부의 판단력과 책임성 약화로 이어진다. 글로벌 컨설팅 사 PwC는 이에 대응하기 위해 인사 담당자와 리더십 그룹을 대상으로 "AI Ethics & Explainability in HR" 교육 프로그램을 운영하고 있으며, 이수 시 내부 알고리즘 해석 보고서를 작성할 수 있는 역량까지 배양하도록 설계되어 있다. 국내에서도 일부 테크 기업은 AI 인사 데이터를 수용하기 위한 사내 리터러시 향상 프로그램을 매년 운영하며, 알고리즘 리스크의 조기 감지와 윤리적 개입 능력을 확보하고 있다(임경숙, 2021).

이러한 조치들은 단순히 기업의 '책임 회피'를 방지하는 기능을 넘어, AI 채용에 대한 조직 전체의 윤리적 민감도와 실행 역량을 체계화하는 장치로 작동한다. 결국 설명 가능성은 기술의 투명성뿐 아니라, 지원자와 조직 간 신뢰 구축의 기반이자 브랜드 리스크를 최소화하는 방어벽이 된다.

기술 외부성에 대한 윤리

AI 채용 시스템이 사회에 미치는 영향은 조직 내부에 국한되지 않는다. 기술이 도입되면, 일부 계층이나 집단은 체계적으로 배제되거나 불이익을 받을 가능성이 높아지며, 이는 조직의 사회적 책임과 직결되는 사안이다.

고령층, 비정규직 경력자, 비수도권 지원자 등은 AI 채용 알고리즘이 학습하는 기준에서 벗어난 특성을 가질 가능성이 크다. 알고리즘은 통계적으로 일반화된 데이터를 기준으로 판단하기 때문에, 비정형 경로를 가진 지원자는 낮은 점수를 받을 확률이 높아진다. 이는 인재의 다양성과 포용을 중시하는 조직 가치와 충돌할 수 있다. 윤리적 채용은 단지 차별을 하지 않는 것이 아니라, 차별을 유발하는 시스템 구조 자체를 감시하고 교정하는 것이다.

기업의 채용에 대한 윤리적 의무는 앞으로 "AI 시스템 도입 전후의 채용 구조 비교 및 감사", "고위험군(예: 장애인, 경력 단절자 등)에 대한 추가 보정 모델 도입" 등을 요구받을 확률이 높다. 이러한 접근은 조직이 인공지능 기술을 단순히 채용의 효율화 도구가 아니라, 포용과 공정성의 실천 수단으로 이해하고 있음을 보여 주어야 할 윤리적 의무가 생기는 것이다.

참고문헌

김환일 · 김동근(2024). 인공지능 채용의 문제점과 개선방안에 대한 고찰. ≪기업법연구≫, 38(4), 291-312쪽.

양종모(2017). 알고리즘 윤리와 편향 방지에 관한 고찰. ≪정보법학연구≫, 21(1), 61-84쪽.

임경숙(2021). 인공지능 알고리즘의 윤리에 대한 법적 고찰. ≪사회과학연구≫, 32(4), 337-364쪽.

Hardt, M.(2014.9.27). How big data is unfair. Medium. https://medium.com/@mrtz/how-big-data-is-unfair-9aa544d739de

New York City(2021). Local Law 144. https://www.nyc.gov

U.S. Congress(2023). Algorithmic Accountability Act of 2023. https://www.congress.gov/bill/118th-congress/house-bill/5628/text

09
성공과 실패로부터 배우기

국내외 다양한 기업의 성공과 실패 사례를 통해 우리는 AI 채용의 가능성과 한계를 동시에 마주하게 된다. HR 부서는 AI 기술의 양면성을 이해하고, 채용의 공정성과 신뢰성을 유지하면서도 조직의 경쟁력을 높일 수 있는 방향으로 전략을 수립해야 한다. 주요 성공과 실패 사례에서 그 해답을 찾아본다.

AI와 화장품?

AI 매칭 서비스

원티드랩은 딥 러닝 기반의 매칭 알고리즘을 통해 국내 HR 테크 시장에서 혁신적 성과를 기록하고 있다. 2015년 설립 이후 1000만 건 이상의 구직자-기업 매칭 데이터를 축적해 AI 모델의 성능을 극대화했다. 원티드랩의 매칭 시스템은 지원자의 이력서와 기업의 채용 공고를 자연어 처리로 분석해 정량적 매칭 점수를 산출하며, 특히 최종 합격 확률을 예측하는 모델링에 중점을 두고 있다. 이러한 기술력 덕분에 지원자의 합격 성공률은 일반적인 방법 대비 약 4배 이상 높아졌으며, 채용 비용과 시간도 평균 3분의 1로 줄이는 실질적인 성과를 보였다(장형태, 2022).

원티드랩은 채용 공고의 상세 정보와 지원자의 프로필 데이터에서 주요 키워드를 추출하고, NLP 기술을 통해 텍스트 정보를 벡터화해 유사도를 산출한다. 이를 바탕으로 후보자와 공고 간 적합도를 0~100점의 매칭 스코어로 표현한다. 원티드랩이 특히 주목받는 이유는 AI가 축적된 1000만 건의 합격 데이터를 학습해 채용 성공률을 정확히 예측할 수 있다는 점이다.

원티드랩은 매칭 알고리즘 외에도 AI 기술을 활용해 구직자의 전반적인 취업 과정을 지원하는 서비스를 제공하고 있다. 대표적인 예가 'AI 면접 코칭' 서비스다. 이는 지원자가 가상 면접에서 답변한 내용을 AI가 자연어 처리해 문맥, 키워드, 논리 구조 등을 분석하고 개선점을 피드백한다. 최근에는 화상 인터뷰 모드를 도입해 음성 톤과 표정 등 비언어적 요소까지 평가해 실전 면접 대비 역량을 키워주고 있다. 실제로 AI 면접 코칭을 활용한 유저의 최종 합격률은 그렇지 않은 유저에 비해 약 68% 높았다.

원티드랩은 향후 채용 전반의 소요 시간을 90% 이상 단축하는 AI 에이전트를 준비하고 있다(장세민, 2025). 원티드가 2024년 공개한 공고로 인재 찾기 서비스는 AI 기반 인재풀 탐색 서비스로, 기업 인사 담당자의 인재 탐색 소요 시간을 57.96% 줄여준다. 원티드랩이 발표한 자료에 따르면 인사 담당자가 수작업으로 후보자를 추려내는 경우 1명의 인재를 찾는 데 소요되는 시간은 평균 8분 29초이나, AI 기반 인재풀 탐색 서비스인 공고로 인재 찾기 서비스를 이용할 경우 평균 3분 34초로 단축된다고 한다.

글로벌 기업의 AI 채용 활용 사례

해외에서도 AI를 채용 프로세스에 성공적으로 접목한

사례들이 주목받고 있다. 미국의 하이어뷰는 영상 면접 솔루션을 통해 지원자의 언어적, 비언어적 특징을 머신러닝으로 분석해 직무 적합성을 평가한다. 특히 음성 패턴, 말의 속도, 어휘 선택 등을 기반으로 지원자의 역량을 예측하는 모델을 구축해 대량의 지원자 관리에 효과적이라는 평가를 받고 있다.

Eightfold.ai 역시 글로벌 HR 시장에서 활약하는 기업으로, 전 세계 수억 건의 이력서 데이터를 활용해 직무 매칭 알고리즘을 개발했다. Eightfold.ai는 지원자의 프로필과 기업의 채용 공고 사이의 기술 스킬과 경험 일치도를 수치화해, 매치 스코어(Match Score)라는 명확한 지표로 제공한다. 이는 기업이 지원자를 객관적으로 평가하고 인재 선발의 효율성을 높이는 데 큰 도움을 주고 있다.

링크드인은 대규모 그래프 데이터 기반 추천 방식을 활용해, 8억 명 이상의 회원 프로필, 스킬, 경력, 활동 데이터를 머신러닝으로 분석하고 있다. 특히 협업 필터링 방식을 통해 유사한 구직자와 구인자 패턴을 찾아 맞춤 후보나 일자리를 추천하고 있으며, 프로필과 채용 공고 간 키워드 매칭도 수행한다. 또한 LinkedIn Talent Solutions는 소셜 네트워킹형 채용 솔루션으로서 구인

공고 추천, 인재 서치, 인재 풀 관리 기능을 제공하며, AI가 "이 포지션을 채용한 다른 회사들은 이런 후보를 채용했다"는 식으로 후보 추천을 해 헤드 헌팅과 채용 광고의 효율을 극대화하고 있다.

국내 기업의 AI 채용 활용 사례

SK C&C는 IBM의 왓슨 기술을 기반으로 한 AI 플랫폼 '에이브릴(Aibril)'을 도입해, 자기소개서 평가 시간을 단축하고, 평가의 일관성을 확보했다. 이 시스템은 지원자의 자기소개서를 분석해 3초 만에 평가를 완료하며, 인사 담당자 간 평가 오차 범위와 유사하거나 더 낮은 수준의 정확도를 보인다. 이를 통해 SK하이닉스 등 계열사의 채용 시간을 획기적으로 단축했다.

마이다스아이티는 AI 기반 채용 솔루션 'inAIR'를 개발해, LG유플러스, 한미약품 등 국내 100여 개 기업에 제공하고 있다. 이 솔루션은 지원자의 언어적 표현뿐만 아니라 비언어적 신호까지 분석해 직무 적합성을 평가한다. 또한, 뇌신경과학 기반의 역량 검사를 통해 개인별 역량 특성을 분석하고, 기업 문화와 직무 적합도를 확인하도록 돕는다. 이를 통해 채용 과정의 공정성과 효율성을 높이고 있다.

BGF리테일은 AI 기술을 활용해 서류 심사 단계에서 자기소개서의 표절 여부를 철저히 검증하고 있다. 이를 통해 지원자의 진정성과 창의성을 평가하며, 채용의 공정성을 확보하고 있다. AI 기반의 표절 검증 시스템은 대량의 지원서를 신속하게 분석해 인사 담당자의 업무 부담을 줄이고, 보다 객관적인 평가를 가능하게 한다.

AI 채용 활용의 실패 사례

세계 최대 전자 상거래 기업 아마존은 AI 기반 채용 시스템을 선구적으로 도입했으나, 심각한 성차별 이슈로 인해 2018년에 시스템을 폐기해야만 했다. 이 AI 모델은 과거 10년간 축적된 채용 데이터를 바탕으로 학습되었는데, IT 업계의 지원자 대다수가 남성이었기 때문에 데이터 자체가 편향되어 있었다. 그 결과, 이 시스템은 무의식적으로 '여성'을 포함한 단어가 들어간 지원서를 감점 처리하는 현상을 보였다. 예를 들어, 여성 체스 클럽 활동 이력이 기재된 지원자는 자동으로 감점되는 등 명백한 성별 편향이 나타났다(Hardt, 2016). 이는 AI 시스템의 학습 데이터가 편향된 경우 채용에서 심각한 윤리적 문제를 야기할 수 있음을 명확히 보여 준 사례였다.

앞서 설명했던 하이어뷰는 AI 기반 화상 면접 서비스

를 제공하면서 지원자의 표정, 음성 톤, 눈동자 움직임 등 비언어적 요소까지 분석해 직무 적합성을 평가하는 시스템을 구축했다. 그러나 이 기술은 윤리적 문제와 인권 침해 논란에 휩싸였다. 특히 표정과 같은 비언어적 요소가 인종, 문화적 배경, 신체적 특성 등에 따라 다르게 표현될 수 있으며, 이를 기계적으로 판단하면 특정 인종이나 집단에 대해 불공정한 평가를 내릴 위험이 있다는 것이다. 결국 하이어뷰는 이와 같은 비언어적 평가 방식을 일부 제한하고, 보다 투명한 평가 기준을 제공하도록 정책을 수정했다.

국내 일부 기업들은 AI 기반의 면접 솔루션을 도입했으나, 신뢰성과 정확성 문제로 논란을 겪고 있다. 예를 들어, 국내 대기업들의 채용 과정에서 AI 면접 시스템이 사용되었으나, 구직자들은 평가 기준의 불명확성과 예측 불가능성에 대해 불만을 토로했다. 또한 AI 시스템이 지원자의 실제 역량보다 말의 속도나 목소리 톤 같은 비본질적인 요소에 지나치게 민감하게 반응한다는 비판도 있었다. 실제로 몇몇 사례에서는 높은 평가를 받은 지원자들이 실제 업무에서 기대에 크게 못 미치는 성과를 보여, AI 평가의 예측 타당성이 의문시되었다. 이는 AI 기술을 채용에 도입할 때 명확한 설명 가능성과 신뢰성 확보가 반드시 선행되어야 함을 시사한다.

세계적인 IT 기업인 구글 역시 AI 채용 알고리즘을 도입했으나 편향성 관리 실패로 문제가 된 바 있다. 구글의 AI 시스템은 지원자의 이력서 데이터를 분석해 합격 확률을 예측했는데, 과거 성공한 직원들의 이력서를 기반으로 학습하다 보니 특정 대학이나 경력을 가진 지원자에게 지나치게 유리한 평가를 내렸다. 예를 들어, 명문대 출신이나 유명 기업 경력을 가진 지원자들이 자동적으로 높은 점수를 받는 현상이 나타나면서 사회적 형평성 논란을 야기했다. 이로 인해 뛰어난 능력을 갖추고도 경력이나 학벌이 부족한 지원자들이 불이익을 당할 가능성이 높아졌고, 구글은 결국 이 시스템의 사용을 대폭 축소하고, 사람의 개입을 다시 늘리는 방향으로 선회했다.

성공과 실패에서 배우기

AI 기술은 인재 채용 분야에 혁신적인 변화를 가져왔으며, 이는 효율성 향상과 함께 여러 도전 과제를 제시하고 있다. 한편으로 AI는 채용 절차를 간소화하고, 채용 소요 시간을 단축하며, 지원자와 직무 간의 적합성을 더욱 정확하게 매칭하는 등 많은 이점을 제공한다. 그러나 다른 한편으로는 알고리즘의 편향성이나 투명성 부족 같은 위험 요소들을 함께 동반한다. 따라서 HR 부서가 AI 기술을 효과적으로 활용하기 위해서는 명확한 전략이 필요하다

첫째, AI 도입의 목적을 명확하게 설정해야 한다. 예를 들어, 채용 기간 단축이나 지원자 다양성 개선 등의 목표를 구체적으로 정의해야 한다. 둘째, 편향을 최소화하고 다양한 지원자의 경험을 반영하기 위해 AI 시스템을 다양한 데이터 세트로 학습시켜야 한다. 셋째, AI 평가 결과를 맹목적으로 따르지 않고 인간의 판단을 함께 적용해 공정성을 유지해야 한다. 넷째, AI 기술의 작동 방식과 평가 기준을 투명하게 공개해 지원자 및 이해관계자의 신뢰를 확보해야 한다. 마지막으로 AI 도구의 성능과 예기치 못한 부작용을 정기적으로 평가하고 필요에 따라 조정해야 한다(Business Insider, 2025).

AI 채용에서 중요한 또 하나의 접근법은 인간 중심적 접근법이다. AI가 많은 이점을 제공하지만, 인간적 요소는 여전히 필수적이다. 사람의 공감 능력과 관계 형성 능력은 AI가 완전히 복제할 수 없으며, 기업 문화와의 적합성 판단 또한 인간의 직관과 통찰이 요구되는 영역이다. 또한 윤리적 고려 사항을 탐색하고 모든 지원자에게 공

정한 대우를 보장하는 데 인간의 역할은 필수적이다. HR 부서는 지속적인 학습을 통해 최신 AI 기술과 채용 분야의 우수 사례들을 습득하고, 데이터 프라이버시와 편향성 완화 같은 문제를 다루는 정책을 개발해야 한다. 또한 법률, IT, 다양성 담당자 등 다양한 이해관계자들과 협력해 AI 도입 논의를 진행하고, 지원자들에게 AI가 채용 과정에서 어떤 역할을 하는지 명확하게 알려 주어야 한다(Xylouris, 2025).

참고문헌

장세민(2025.5.2). 원티드랩, 연매출 367억 기록… "AI 중심 사업 개편할 것". ≪AI타임스≫. https://www.aitimes.com/news/articleView.html?idxno=168978

장형태(2022.4.14). AI가 일자리 찾아주니 합격률 4배 이상 높아. ≪조선일보≫. https://www.chosun.com/economy/tech_it/2022/04/14/LCNB2YN7Z5A7VNZQJJLZFZCLPM/

Business Insider(2025.2.3). How hiring teams are turning AI anxiety into action and advantage. https://www.businessinsider.com/sc/how-to-turn-ai-anxiety-into-action-and-advantage

Hardt, M.(2014.9.27). How big data is unfair. Medium. https://medium.com/@mrtz/how-big-data-is-unfair-9aa544d739de

Xylouris, T.(2025.3.26). 5 insights on AI hiring: Best practices & key risks to consider. HRMorning. https://www.hrmorning.com/articles/ai-hiring-best-practices-key-risks/

10
AGI 시대와 증강지능의 방향성

한때는 문제를 잘 푸는 사람이 채용의 정답이었다. 체스를 이긴 딥 블루, 퀴즈를 석권한 왓슨, 인간 고수를 꺾은 알파고는 모두 그런 '정답 기계'였다. 그러나 이제 AI는 함께 일하는 동료가 되었다. AGI는 사람처럼 배우고 추론하며, 창의적으로 문제를 해결한다. 그래서 묻게 된다. "누가 이들과 함께 일할 수 있을까?" 이제 HR의 과제는 기술과 사람의 협업을 설계하는 것이다.

종교와 AI?

AGI의 정의와 개념

인공지능의 발전은 세 가지 주요 마일스톤을 거쳐 왔다. 첫 번째는 딥 블루(Deep Blue)가 체스 세계 챔피언을 이긴 사건, 두 번째는 IBM 왓슨(Watson)이 퀴즈 쇼 제퍼디에서 승리한 사례, 세 번째는 딥마인드의 알파고(AlphaGo)가 바둑 세계 챔피언을 제압한 순간이었다. 이러한 마일스톤은 모두 특정 영역에 최적화된 '협소 인공지능(ANI, Artificial Narrow Intelligence)'의 사례로, 특정 작업에 특화된 성능은 보여 주었지만 일반 지능은 구현하지 못했다.

그러나 최근 등장한 챗지피티, 오토GPT, 베이비AGI 등은 인간 수준의 언어 이해와 생성, 복잡한 문제 해결 능력까지 수행하며 일반 인공지능(AGI, Artificial General Intelligence)의 가능성을 제시하고 있다. AGI는 인간처럼 다양한 영역의 문제를 이해하고, 학습하며, 추론하고, 창의적인 판단까지 수행할 수 있는 능력을 갖춘 인공지능을 말한다. 이와 달리 기존 인공지능은 데이터 기반 규칙에 따라 반복적인 문제를 해결하는 데 그쳤다.

튜링(1950)의 고전적 논의에서 AGI는 인간과 구분이 불가능한 지능을 갖춘 존재로 상정된다. OpenAI의 GPT-4는 인간 변호사 시험에서 상위 10% 성과를 보이며 이러한 논의를 현실로 끌어들였다(Bubeck et al., 2023). 특히 Zero-shot, Few-shot 학습 역량을 바탕으로, 과거 학습되지 않은 과업에도 뛰어난 일반화 성능을 보이고 있다.

하지만 AGI는 아직 완전한 실현 상태에 도달하지 못했다. GPT-4조차도 '할루시네이션(hallucination)' 문제, 장기 기억의 부재, 추론 과정의 불투명성 등에서 한계를 보이며, 계획 수립이나 창의적 사고에서는 인간 수준에 미치지 못한다(Doshi-Velez & Kim, 2017). 이런 맥락에서 AGI는 현재 "가능성의 문턱"에 있는 존재로 평가된다. AGI는 아직 인간의 종합적 사고, 윤리 판단, 지속적인 맥락 인지 등에서 완전한 자율성을 가지지 못하기 때문이다.

결론적으로 AGI는 단일 기술이 아닌 복합적 사고, 정서, 판단 능력을 통합하는 종합 지능의 지향점이며, 인류와 조직은 이 기술의 진보 속도를 경계하면서도 효과적으로 활용할 방안을 모색해야 한다.

채용에서 AGI의 중요성

AGI의 도래는 단순한 기술 혁신이 아니라, 채용 기준 자체를 근본적으로 재구성하도록 요구한다. 과거에는 인지 능력(cognitive ability)이 채용의 핵심 기준이었다. 수리력, 언어력, 논리적 사고력 등을 평가하는 인지 검사는 성과 예측력에서 가장 강력한 도구로 자리매김했다(Schmidt et al., 2016). 그러나 AGI는 이미 인간의 기본 인지 능력을 상당 부분 대체할 수 있는 수준에 도달했다. GPT-4는 법률, 의학, 프로그래밍 등 복잡한 도메인에서 인간 수준의 성능을 입증했고, 이는 '어떤 사람을 채용할 것인가'라는 질문을 다시 던지게 만든다.

Eloundou 등(2023)의 연구에 따르면 미국 노동자의 80%가 GPT 기술에 의해 업무의 최소 10%가 영향을 받을 것으로 나타났으며, 19%는 절반 이상의 업무가 영향을 받을 것으로 예측되었다. 특히 고임금 직군일수록 GPT의 영향력이 크다는 점은 백색칼라 직무에서도 AGI가 본격적으로 침투하고 있음을 시사한다.

그렇다면 AGI 시대의 채용은 무엇을 기준으로 삼아야 할까? 단순히 높은 인지 능력을 지닌 인재보다는, AGI와 협업하며 이를 효과적으로 활용할 수 있는 '증강형 인재(Augmented Human)'의 확보가 중요해진다. 이는 곧 AGI를 능동적으로 활용하고, 윤리적 · 전략적으로 통제하며, 지속적으로 학습하는 능력을 포함한다.

따라서 미래의 채용은 단순히 성과 예측력이 높은 선

발 도구의 선택을 넘어, AGI와의 '협업 가능성'을 기준으로 한 다차원 평가 체계로 전환될 것이다. AGI는 반복과 계산을 담당하고, 인간은 맥락과 창의, 윤리적 판단을 중심으로 역할을 재정립하게 된다.

증강형 인재 어떻게 판단할까

일반 인공지능(AGI)의 발전은 단순히 인간의 역할을 대체하는 방향으로만 전개되는 것이 아니다. 오히려 AGI의 능력을 인간의 판단, 감정, 창의성과 결합해 시너지를 극대화하는 방향의 사고 전환이 요구된다. 이러한 맥락에서 등장한 개념이 바로 증강지능(Augmented Intelligence)이다. 이는 인공지능(AI)과 경쟁하는 인간이 아닌, AI와 협력하고 보완하는 인간을 강조하는 지능 모델로, AGI 시대에 요구되는 새로운 인재상과 직결된다(이중학 외, 2023).

증강지능은 단순히 AI를 사용할 줄 아는 능력을 넘어서, AI와 상호작용하고 함께 문제를 해결할 수 있는 지능을 의미한다. 기존 인지 능력이 문제 해결의 효율성과 논리적 처리 속도를 중심으로 했다면, 증강지능은 다음의 요소를 중심으로 인간의 사고를 재정의한다.

첫째, AI의 원리, 작동 방식, 한계에 대한 이해 등 기술적 이해(Technical Understanding)가 필요하다. 둘째, AI와 인간 간 명확하고 효과적인 상호작용을 설계하고 수행할 수 있는 의사소통 능력(Communication)이다. 셋째, AI 기술 발전에 따른 빠른 학습과 적응력을 발현하기 위한 상황 판단과 지속 학습(Contextualization & Learning Agility)이 필요하다. 넷째, AI의 제안을 인간의 직관 및 윤리와 통합해서 결정하는 공동 의사결정(Collaborative Decision-making)을 할 수 있어야 한다. 다섯째, AI의 오류, 한계, 새로운 문제 상황에 창의적으로 대응하는 유연성(Flexibility)을 갖춰야 한다. 이러한 구성 요소들은 단순히 정보 처리 능력이 아닌, AI라는 존재와 '어떻게 함께 일할 것인가'를 판단하는 능력으로 요약된다(Davenport & Kirby, 2016).

그렇다면, 증강지능은 왜 필요한가? 첫째, AI의 한계 인식이 필요하기 때문이다. GPT-4 등 최신 모델조차도 여전히 사실 왜곡(hallucination), 맥락 부족, 윤리적 편향 등의 문제를 지니고 있다(Doshi-Velez & Kim, 2017). 이를 인지하고 보완할 수 있는 인력은 단순한 AI 사용자 이상의 가치를 지닌다.

둘째, 협력의 설계자 역할 때문이다. AGI는 인간의 사고방식과 매우 다르게 작동하며, 이 간극을 메우고 상호작용을 설계할 수 있는 인재야말로 채용과 교육의 핵심이 된다(Brynjolfsson & McAfee, 2014).

셋째, 의사결정 속도와 질의 동시 향상을 위해서다. AGI는 데이터 기반의 빠른 분석을 제공하지만, 의사결정에는 윤리적 판단, 조직의 맥락 이해, 인간관계의 고려 등 인간 고유의 요소가 개입되어야 한다. 이를 통합적으로 수행할 수 있는 능력이 바로 증강지능이다.

증강지능은 실제 업무 상황을 가정한 AI 기반 의사결정 시뮬레이션을 통해 파악할 수 있다. 예를 들어, AI에게 피드백을 주거나 프롬프트를 설계해 결과를 개선하는 프롬프트 리디자인 과제를 들 수 있다. 이는 협업 결과를 종합하고, AI 판단과 인간 판단의 경계선을 구분하고 평가할 수 있다.

이러한 방식은 기존의 인지 검사(GSAT, L-TAB 등)에서 측정하기 어려운 인간-기계 협업 역량을 보다 명확히 도출할 수 있으며, 향후 채용, 평가, 교육에서 '기술 이해를 넘어선 AI 친화도'를 측정하는 핵심 도구가 될 수 있다(이중학 외, 2023).

AGI 시대 채용 담당자의 역할

AGI의 도입은 더 이상 AI가 채용을 자동화하는 도구로서의 의미가 아니다. 채용 담당자는 함께 일하는 '지적 동료'로서의 AGI를 이해하고, 그와 협력할 수 있는 인재를 선별하는 한 차원 높은 수준의 복합적 업무를 수행해야 한다. 이는 단순히 인공지능을 사용하는 능력이 아닌, AI와 협업하고, AI의 한계를 인식하며, 기술과 인간의 경계를 조율할 수 있는 통합적 역량이다(이중학 외, 2023).

AI는 채용 공고 작성부터 후보자 평가까지, 데이터 기반의 패턴 분석을 통해 효율성과 공정성을 높이고 반복적인 작업을 자동화하며, 채용 담당자의 역할을 전략적으로 변화시키고 있다. 그러나 기술의 발전이 곧바로 성공적인 혁신으로 이어지지는 않는다.

AI가 제공하는 결과를 해석하고, 이를 조직의 상황에 맞게 활용하며, 기술의 편향성을 지속적으로 검토하고 개선하는 역할은 여전히 채용 담당자의 몫이다. 채용 담당자가 단순히 도구를 사용하는 것을 넘어, AI와 협력해 더 나은 의사결정을 내리기 위한 역량이 필요하다(윤명훈, 2024).

다가올 AI 시대에도 가장 중요한 자산은 여전히 '사람'이다. 기술이 아무리 발전하더라도, 조직의 가치와 방향을 설계하고, 기술과 인간의 관계를 조율하며, 변화의 리듬을 조직 전체에 이식하는 것은 결국 사람의 몫이다. 특히 AGI(일반 인공지능)가 실현되면 될수록, 인간은 단순한 노동력이 아닌 AI와 협업 가능한 존재, 즉 '증강된 인간(Augmented Human)'으로 진화해야 한다.

엔비디아(NVIDIA)의 젠슨 황(Jensen Huang)은 최근 "모든 기업의 IT 부서는 에이전트의 HR 부서가 될 것이다"고 말했다. 이는 단순한 수사적 표현이 아니다. AI 에이전트가 실제 구성원이자 생산 단위로 조직에 편입되는 순간, '사람을 뽑는 일'은 '에이전트와 함께 일할 수 있는 사람을 선별하는 일'로 재정의된다. 즉, IT 부서는 AI 에이전트의 능력을 최적화하고 배치하는 기술 운영 부서이자, 이들을 어떻게 인간과 조화롭게 협업시킬지를 고민하는 '에이전트 인사 부서'로 기능하게 된다.

AGI 시대의 채용 담당자는 디지털 협업 디자이너로 진화해야 한다. 채용의 기준은 더 이상 성적, 자격증, 언어 점수가 아니라, AI와 어떤 방식으로 협력하고 조율할 수 있는지를 보는 증강지능의 스펙트럼이 된다.

HR은 이제 단순한 인재 관리 기능을 넘어서, 기술 이해, 윤리 판단, 전략적 의사결정 능력을 통합한 하이브리드 리더십 기능으로 확장된다. 결국 채용의 중심에는 '사람을 이해하는 기술자'로서의 채용 담당자가 자리 잡을 것이며, 이들은 AI와 인간이 함께 성장하는 조직의 설계자이자 조율자가 될 것이다.

참고문헌

윤명훈(2024a.4.30). AI 시대, 어떤 인력 확보할 지 고민할 때. ≪지디넷≫. https://zdnet.co.kr/view/?no=20240430091457

윤명훈(2024b.12.13). AI가 이끄는 채용의 혁신: 다가온 미래와 다가올 미래, 어떻게 준비할 것인가?. KT 엔터프라이즈. https://enterprise.kt.com/bt/P_BT_TI_VW_001.do?bbsId=2837&bbsTP=A

이중학 외(2023). 일반인공지능 시대의 채용을 위한 연구: 증강지능(Augmented Intelligence)을 중심으로. ≪조직과 인사관리연구≫, 47(2), 113-137쪽.

Brynjolfsson, E. & McAfee, A.(2014). *The second machine age: Work, progress, and prosperity in a time of brilliant technologies.* WW Norton & Company.

Bubeck, S. et al.(2023). Sparks of artificial general intelligence: Early experiments with gpt-4. *arXiv*, arXiv:2303.12712. https://arxiv.org/abs/2303.12712

Davenport, T. H. & Kirby, J.(2016). Just how smart are smart machines?. *MIT Sloan Management Review*, 57(3), p.21.

Doshi-Velez, F. & Kim, B.(2017). Towards a rigorous science of interpretable machine learning. *arXiv*, arXiv:1702.08608. https://arxiv.org/abs/1702.08608

Eloundou, T. et al.(2023). Gpts are gpts: An early look at the labor market impact potential of large language models. *arXiv*, arXiv:2303.10130. https://arxiv.org/abs/2303.10130

Schmidt, F. L. et al.(2016). The validity and utility of selection methods in personnel psychology: Practical and theoretical implications of 100 years. *Fox School of Business Research Paper*, pp.1-74.

Turing, A. M.(1950). Computing machinery and intelligence. *Mind*, 59(236), pp.433-460.

윤명훈

원티드랩 사업총괄이자 중앙대학교 글로벌인적자원개발대학원, 가천대학교 경영대학원 겸임교수로 재직 중이다. 중앙대학교에서 HRD 박사 학위를 취득한 후, AI와 HR의 접점에서 실무와 연구를 이어 가고 있다. 국내 대기업과 유니콘 스타트업 등에서 15년 이상 HR과 디지털 전략을 경험했으며, 현재는 HR 비즈니스를 직접 운영하며 현장의 관점에서 일하고 있다. 『피플애널리스트들이 온다』(2024), 『스타트업 HR팀장들』(2024) 등 저서를 통해 HR의 미래를 현장 언어로 풀어내고 있으며, AI 기반 채용, HR 애널리틱스, 데이터 기반 조직 문화 설계 등을 주제로 강의와 자문을 병행하고 있다. 기술과 사람, 데이터를 연결해 더 나은 일의 방식을 고민하는 HR 전문가다.